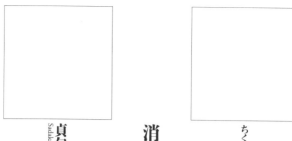

ちくま新書

消費社会を問いなおす

貞包英之
Sadakane Hideyuki

1706

消費社会を問いなおす【目次】

はじめに

今、なぜ消費社会について考えなければならないのだろうか。

その答えは、まずは自明にみえる。私たちは日々、消費を積み重ねながら暮らしている。本を買い、レストランに行き、マンションを買うといった直接的な消費だけではない。水道の蛇口をひねり、灯りをつけるといった本当は料金が発生していることがあまり意識されない消費もある。さらにはテレビをみて、ネットを利用するといった「広告」や「課金」などのかたちで他の誰かがおこなう支払いに便乗した間接的な「消費」も含めれば、私たちが購買活動にかかわらない日はないといっても過言ではない。

こうして当たり前のようにくりかえされている消費、またそれが積み重ねられることでつくられた消費社会に対して、ただし近年では批判が手厳しい。

ひとつに消費社会が非難されるのは、それが所得の「格差」と深くかかわり成立していると考えられているからである。ある商品を買える者もいれば、買えない者もいる。それを決めるのはたしかに保有する金銭の量なのだが、消費社会はそうした貨幣所持にかかわる「格差」を前提に維持され、またその拡大を助長していると疑われている。

そしてだからこそ消費、また消費社会は批判される。格差をできるだけ減らし、消費にかかわる「不公平」が生じないようにするために、福祉国家を拡大し育児や教育などの基礎的なサービス（ベーシックアセットや、ベーシックサービス）[1]を充実させることや、究極的には「平等」な配分を実現するためのコミュニズムが唱えられる。消費社会は所得の「格差」を前提として成り立つ社会とみなされ、そのためにそうした社会、あるいはそれを支える資本主義を変革することが目指されているのである。

とはいえ社会体制そのものを変えることは、相当に困難にちがいない。だからこそ代わりに、個人のできる範囲で消費のやり方を変えることを説く者も多い。この場合、他人の目を意識した「不必要」な（とみられる）消費を減らし、自分に似合った、本当に良いとされるモノ、さらには具体的な形を取らない経験にお金を費やすことが大切であると自己啓発的に説かれていくのである。

たとえば三浦展《あつし》はモノの真の価値や人との関係を重視した消費を「第四の消費」として持ち上げている[2]。ブランド品ではない、一見質素だがつくり手のみえる食器や服を買い、旅行や音楽鑑賞などの体験を楽しむこと。通俗的にはたんなるモノから、体験や込められた思いを重視したコトへの価値観の転換と主張されるこうした消費は、金銭的または時間的コストがむしろ大きいという意味で、社会における「格差」そのものを減らすことはたしかにできない。だがだとしても「格差」に基づくみせびらかしの行為から購買活動が切り離されているようにみせかけることはできる。つまりそれによって消費を罪深い資本主義的な活動から免責することが試みられているのである。

他方、「格差」に基づくことだけではなく、消費や消費社会が環境を破壊していることも近年では強く非難されている。大量生産された商品を次々と消費する営みが環境にとって負荷が多いことは、たしかに誰にも否定しようがない。本書でも後に詳しくみるように、とくにかつて後進国とされた国が続々と大量生産・大量消費に加わるなかで、二酸化炭素排出増加に伴う温暖化の危険はますます切迫していることは否定できないのである。

だからこそ消費社会を超える道が模索されている。ひとつ目はこの場合も個人的に対処する道で、環境負荷の高い商品を避け、環境に優しい（とされる）商品を買うことが勧められる。「エシカルな消費」や「エコ消費」と呼ばれるこうした消費はハイブリッド車の購入やエコバックの使用などのかたちで、たしかに一定の市民権を今では獲得している。

他方、よりラディカルに社会の構造そのものをつくりかえる道もある。膨大な消費がくりかえされることで成り立つ現在の経済構造と、地球環境保護ははたして両立できるのだろうか。それを可能とみる者もいる。国の積極的な働きかけによって、技術革新を促し、さらに生産そして消費にたいする規制を強化することで、経済発展と地球環境の維持を両立できると楽観視されているのである。

それとは別に、より根本的に社会構造を根底からつくりなおさなければならないとみる者もいる。この場合、消費社会、ひいてはそれを生み出した資本主義そのものの乗り越えが主張される。斎藤幸平の『人新世の「資本論」』がその典型である[3]。地球環境を保護するために、資本主義を変えなければならないとされ、そのための手段として、先に格差の撤廃の際に夢みられていたのと同様に、コミュニズムに期待が寄せられているのである。

こうして図1にまとめられるようなかたちで現在、消費社会の乗り越えがさかんに唱えられている。本文でも確認するが、バブルの膨張がみられた一九九〇年代初めまでは、消費社会はあらたな社会の到来を告げるポジティブな現象として語られることが多かった。だが二〇〇〇年代には「格差社会論」が流行し、さらにその後、地球環境危機が切迫することで、消費社会は乗り越えるべき諸悪の根源として非難されるようになったのである。

こうした事実把握そのものには、たしかに傾聴すべきところがある。実際、後に詳しく確認するように、格差の拡大と地球環境への損害が、現代社会の大きな問題であることは否定しがたい。現在あきらかになっているところによれば、いっそう多くの消費を促す資

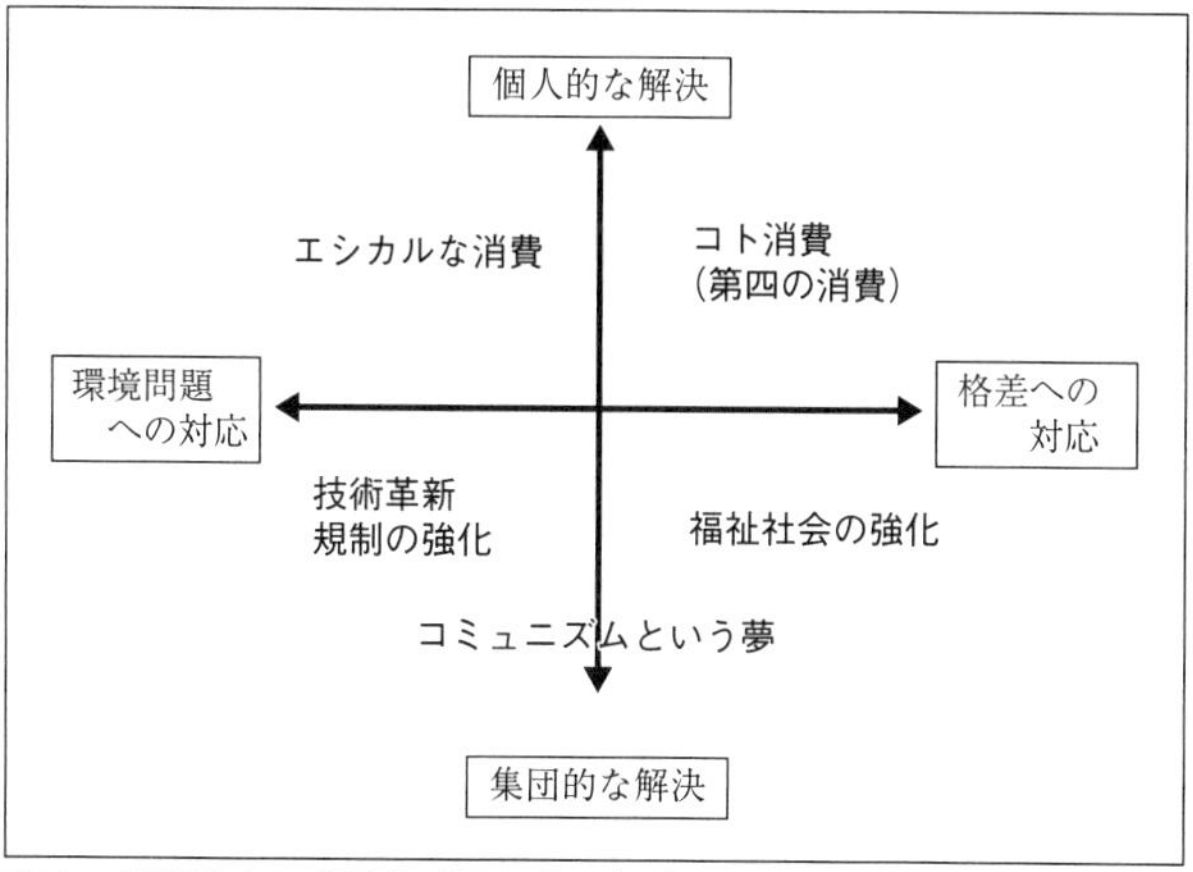

図1　消費社会の典型的「乗り越え」方

本主義が、貧富の差を拡大し、地球環境に多大なダメージを与えていることは、事実として認めるしかないのである。

しかしだからといって、消費社会を諸悪の根源とすぐに短絡してはならない。その理由は大きく分けて二つある。

ひとつ目の理由は人びとが事実上、消費社会をなお日々選択し、受け入れ続けていることである。消費社会に対する批判が高まってからすでにそれなりの月日が過ぎている。だが多くの人びとが消費することに飽き、興味を失っているようには到底みえない。本書で確認するように、消費に費やされる金額はたしかに不況のなかで減ったともいえるが、その一方でデフレが進むことでそれに対応した購買活動も活発化したのである。

もちろん一方でいまではエシカル消費の流行の波に乗り、エコであることをうたう洗剤や食品も増加している。ただしこうした変化が、消費社会を全体として変えたかどうかについては疑問が残る。たとえば本書で後に「リバウンド効果」として確認するように、エコな商品の購買は、さらなる消費のためのアリバイとなることがある。ハイブリッド車や電気自動車をあらたに製造すると、ガソリン車に乗り続けるよりもエネルギーがかかるだけではなく、それを買って安心してより多く乗り始めることで二酸化炭素の排出量を大きくする場合があることさえ確かめられているのである。

効果が不確かであるにもかかわらず、次々と異なる対象がもてはやされるという意味では、むしろこうした乗り越えの試みそのものが消費社会の流行《ファッション》であった可能性が高い。環境に優しい商品だけではなく、「ロハス」や「シェア」、「ていねいな暮らし」や「ミニマリスト」的暮らしなどあらたなブームが起こり、新規な消費の対象が紹介されてきた。しかし社会総体を変える気配もないままに、それらはあらたに現れるブームに取って代わられていく。その意味でそうしたブームは他の人に自分の道徳的、感性的「正しさ」をみせびらかすモードとして、消費社会を延命することに仕えてきたのではないかという疑いが合理的に残るのである。

こうしてある種の論者の非難にかかわらず消費社会が人びとに受け入れられてきたという事実上の問題だけではなく、消費社会を超えるという提案が望ましい社会を約束しているのかという権利上の問題もある。消費社会に対する批判は、人びとが同じような道徳的関心を持ち、平等に暮らしている未来を描いてみせる。しかしそうした社会が消費社会以上に本当に望ましいものであるのかどうかについては、慎重に吟味しておかなければならないのである。

実際、本書は、消費社会がその根本において実現している多様性や自由をあくまで大切なものと考える。金を持つかぎりにおいて、私たちはこの社会において自分が望むものを何であれ、好きに買うことが認められている。消費が約束するこうした具体的な自由を過小評価してはならない。それはひとつにそれが、この社会では多様性の根拠になっているからである。酒を飲んだり賭けごとをするなど、たとえ愚かなことと他人から判断されようと、自分の望みをこの社会で私たちは押し通すことができ、それをもとに私たちは「私」自身であることが具体的に許されている。

けれども消費社会を乗り越えると吹聴《ふいちょう》する企ては、こうした自由や多様性の大切さについて充分な配慮を払ってこなかった。平等や環境保護を実現するためには、多かれ少なかれ国家による規制や強制が避けられないが、それが消費社会で空気のように享受されている自由や多様性を損なう危険性についてはあまり真剣に考慮されてこなかったのである。

もちろん後にみるように、経済的な公平性や環境的な持続可能性を無視してよいと本書は説くのではない。逆にそれはきわめて大きな問題として論じられるが、だからこそ大切になるのは、そうした問題と消費社会で経験される自由と多様性をいかに折り合いをつけていくのかという課題である。私たちが気に入ったところに暮らし、好きな料理を食べ、趣味の娯楽を楽しむことは、一定の論者からみれば、たいした意味のない身勝手なふるまいに映るのかもしれない。しかしそうしたささやかな楽しみこそ、日常を生きていく上での誇りや尊厳を支える重要な核になっている。そもそも私たちはそうした自由を前提として消費社会の是非について論じることさえできているのであり、本書からみれば、それを無視して、現在の、または未来の社会について考えることのほうがむしろ危険なのである。

＊

だからこそ本書は、現在の消費社会の持つ可能性を具体的にあきらかにすることを目標とする。多様な選択肢をつくりだし、それを自分の好みに応じて選択することを促してきたこの社会の奥深さについて、本書は「消費社会論」という立場からあきらかにしていきたいのである。

ただしこれまで「消費社会論」自身も、私が私であることの気ままさと気楽さについては充分に注目してきたとはいえない。消費社会は二〇世紀における資本主義の発展を前提として、大量のモノや記号を供給し、その消費をなかば強制するシステムとして理解されることがほとんどだったのである。

それに対して本書は消費社会が、二〇世紀の資本主義のたんなる発展史にはおさまらない固有の歴史を持つことをあきらかにする。たとえば日本において、少なくとも近世以降、貨幣が行き渡るのに応じ無数の人びとが消費を積み重ねていくことで、人が何を望み、何を手に入れることができるのかが複層的に探求されてきた。そうした人びとの集団的な試行錯誤の積み重ねは、多様な商品の供給を促しただけではなく、消費において人びとが選択できる可能性の奥行きを着実に拡げてきたのである。

これまでの「消費社会論」は消費を自明な現象と仮定するばかりで、こうして消費社会が歴史的につくりだしてきた自由と多様性の大切さについては充分にあきらかにしてきたとはいえない。だが消費が何を実現してきたのかを知ることなしに、それが何であるかについて解き明かすことはできない。

だからこそ本書はまず第一章で、資本主義のシステムに還元されない消費社会の固有の歴史についてあきらかにすることを試みる。日本において消費が積み重ねられることで、いかなる欲望が肯定され、拡張されてきたのだろうか。それを探ることを通して、消費とは、あるいは消費社会とは何であるのかについて、もう一度捉え直していきたいのである。

そうして得られた知見をもとに、第二章、第三章では、現在おこなわれている消費のあり方がより直接的に分析される。現代日本では、経済不況にもかかわらず、消費はますます生活のなかで大きな役割をはたしている。第二章では、なぜ消費社会が経済不況を越え展開されてきたのかが、そこでおこなわれている「賢い」消費や、近年急拡大している情報の消費、さらにはそれを支える「廃棄」にかかわるゲームなどの観点から考察される。

そうしたゲームのなかで他者と競い、何かを示す表現として消費は積み重ねられている。ただし消費はたんにそうしたコミュニケーションの手段にとどまるわけではない。消費には自己にかかわる貪欲な探求としての面があり、それに関連してとくに近年では身体を対象とした消費活動が活発に追求されている。それに伴い現代社会では多様な美や快適性を選べるようになっているのであり、こうした達成が第三章では、オタク的消費や住戸の消費、ドラッグストアの興隆などを例として分析される。

以上のようにして本書は、消費が何を私たちの社会に実現してきたのか、また実現しつつあるのかを分析することを通して、消費社会の魅力とその可能性を描きだす。もちろん消費社会が完全な社会であると主張したいのではない。すでに触れたように、消費社会は現在、「格差の拡大」と「環境破壊」というとくに大きな二つの問題を抱えている。それらは、消費社会の存続さえ揺るがすリスクになっているのだが、消費社会の利点を認めるからこそ、逆にこうした問題がでは具体的にはいかなるもので、それに対して現在どのように対処されているのかについてあきらかにしていく必要がある。

そのための作業が第四章ではなされる。ただし現行の対策の多くは、消費社会を過小評価することで、問題を解決する以上に問題を生んでいる場合が多い。その代わりに消費社会が成し遂げてきた達成に充分配慮しつつ、危機に対処するやり方について真剣に考える必要がある。そのために本書が第五章で注目するのが、ベーシックインカムという手段である。無条件に現金を給付するこの仕組みについてはこれまでも多くのことが語られてきた。けれども消費社会を存続させる上で重要となるその役割に関しては、これまで充分に強調されてきたとはいえない。それに対して本書は、消費社会がなお必要であるとすれば、その維持のためにベーシックインカムが欠かせない手段となることを説くのである。

以上、本書は消費社会が現在においてのみならず、未来においても大きな役割を担うと主張するが、だからこそそれがいかなる可能性を持ち、しかし同時に克服すべきどんな問題を抱えているのかについてできるだけ具体的に考えていく。闇雲な批判は、党派的に自説を強調するだけのものに終わる。消費社会が何であるかについて知った上で、私たちが何を望み、何を実現することができるのか、つまりいま消費社会で私たちに与えられている権利（＝消費社会の権利）について、まずは具体的に調べる必要がある。消費社会に備わる特有の利点や可能性を深く知り、いっそう活用できれば、私たちはさらに豊かで多様な暮らしを実現できるはずだからである。

ただし本書は消費社会をいたずらに肯定するものではない。消費社会が格差や環境破壊といった限界を持っていることは今では誰の目にもあきらかである。だとすれば消費社会を盲目的に受け入れるのではなく、その限界を認め、その上でそれを是正する仕組みや手段について臆することなく考えていく必要がある。こうして消費社会に対し何を望むことができるのか（＝消費社会への権利）を吟味していくことが、本書の一方の課題になる。

消費社会について考えることを、時代遅れで、保守的な試みとみなす者もいるかもしれない。だが消費社会について知ることは、私たちが生きる足場を思考するという意味で文字通りラディカル（根幹的）な課題である。消費社会を脅かす危機は、その可能性と同じくらいに、現代では大きく膨らんでいる。それをこのまま放置しておけば、消費社会は早晩、継続さえむずかしくなってしまうだろう。だからこそ消費社会の良さと悪さを同時に把握した上で、その何が大切で、何がどのように変えられるべきかについてその土台から慎重に、しかしまたできるだけ早急に考えていかなければならないのである。

第一章

消費社会はいかにして生まれたのか？

1　消費社会という「理想」

†平等という理想

どれだけの人が、私たちの社会がどこに向かっていくべきかについて、明確なイメージを持っているのだろうか。フェミニズムに対して活発に発言をくりかえしている政治哲学者ナンシー・フレイザーは、社会がいかにあるべきかに関し、一九八〇年代末以来、「私たちは目隠しをして飛行している」[1]と述べている。フレイザーがここでとくに嘆いているのは、「ポスト社会主義」的状況のなかでジェンダー的な公平を実現していくための道筋が見失われたことについてだが、問いはさらに拡張できる。社会がどうあるべきで、そしてそれがどうやって実現されるかに関して、明確な理想を持っている人のほうが今では少ないのではないか。多くの人たちは、現にそれがあるという理由でこの社会を肯定しているか、あるいは逆に同じ理由でそれをいたずらに批判しているだけのようにみえるのである。

昔から状況は同じだと考える人もいるかもしれない。だがそうではない。多くの人があるべき社会について熱心に語り、それを求めて闘った時代もあった。しかしひとつにはその反動として、現在では社会の行く末に対して関心を持つ者が少なくなっているのである。

振り返ってみれば、二〇世紀前半からなかばにかけてグローバルに力を振るったのは、「平等」という理想だった。必要とする人びとに富や権利が平等に分け与えられることを多くの人が期待し、そのために大量の血さえ流されたのである。

こうした「平等」という理想が強い力を振るったのは、その時代に資本主義の巨大な成長がみられたためだろう。それに伴い、資本家と労働者のあいだには線が引かれ、経済的境遇の差は拡大してきた。たとえばトマ・ピケティは、西欧や日本において一九四〇年頃までは富める者とそうでない者とあいだには格差が大きかったことを確認している[2]。ピケティは、上位一パーセントの所得が総所得のなかで占めるシェアを富の偏りの指標としておもに利用しているが、その割合はアメリカやイギリス、フランス、日本などでは二〇パーセント前後で後の時代と比べれば高止まりしていたのである（図2）。

上位一パーセントの者が一パーセントの分け前を得る完全に理想的な社会と較べればおよそ二〇倍の「不平等」がみられたともいえるが、こうした富の偏りは、前時代から徐々に拡大してきたと推測される。史料の限界からこの場合は所得ではなく総財産に占める割合が示されるが、ピケティはアメリカやイギリス、またフランスでは二〇世紀に至る一〇

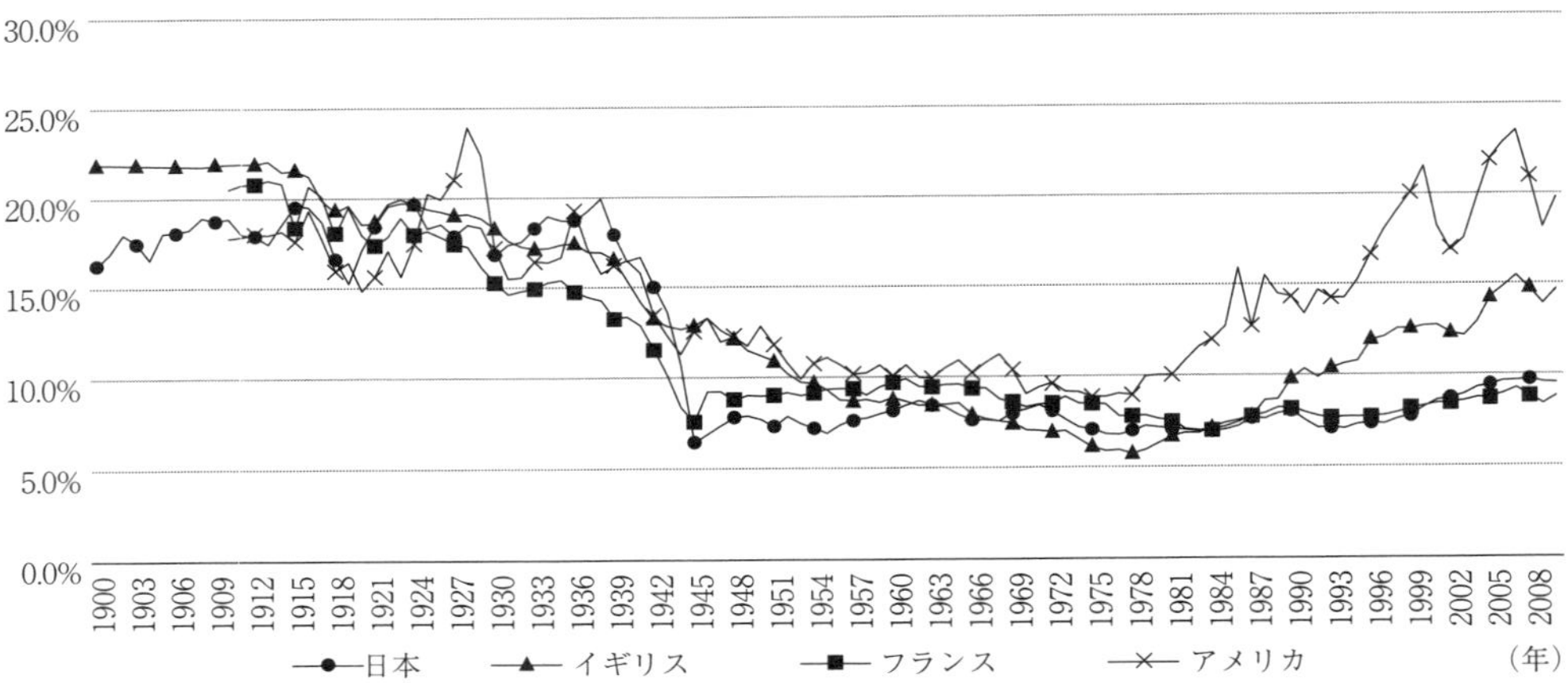

図２　トップ１％の所得シェア
（http://piketty.pse.ens.fr/en/capital21c2より作成）

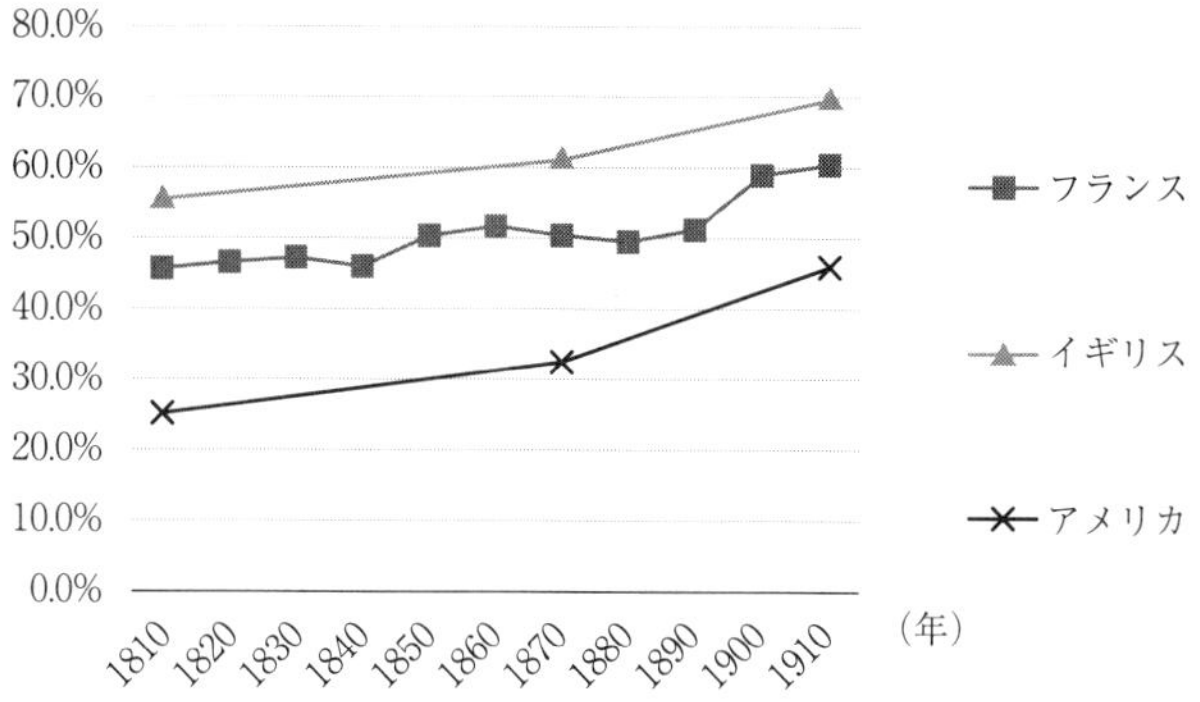

図3　トップ1％の所得シェア
(http://piketty.pse.ens.fr/en/capital21c2より作成)

〇年の間、富は偏在度を増していったことを確認しているのである(図3)。

こうして不平等を増大させたのは、大きくみれば資本主義の発達だった。だからこそ二〇世紀前半には、資本主義社会が生み出す不平等を是正することが求められる。努力の甲斐あり、その目標は一定程度叶えられた。一方では「平等」への期待は共産主義的理想へと向かい、ロシア革命を代表とする変革をグローバルに引き起こしていった。他方でそれは一国内で人びとが平等に暮らすことを求めるナショナリズム的熱狂につながり、それが国民国家的政治体制を事実上の世界標準とするとともに、多くの地域で社会保障制度などの福祉を整備する推進力となったのである。

ただし以上のような政治的な改革に、副作用が伴ったことも見逃してはならない。そもそも「平等」を人為的に達成することは容易ではない。所得のみならず、年齢や健康状態や容姿など、人びとのあいだにはさまざまなちがいが存在している。「平等」を実現するためには、それゆえ何を基準としていかなる仕方で実行するのかを誰かが決めなければならず、結果として二〇世紀には国家や、実質的にはそれを動かす政治家、官僚に多大な力（＝権力）が付与されていった。さまざまな利害関係を調整したうえで再配分のために決断することが、国家に求められていったのである。

しかしこうした要請は同時に大きな危険をはらむものだった。たとえば経済学者のフリードリヒ・ハイエクは、平等な所得の追求や福祉の要求は国家権力の拡大を促し、ついにはファシズムにさえつながると警告している(3)。大げさな物言いにみえるかもしれないが、二〇世紀に市場を規制し、人びとの生活を管理する微細《ミクロ》な力が強まっていったことは認める必要がある。さらにそれに対抗するために、他の国家も力を累乗的に強めていった。そのあげくに巨大な暴力と破局がグローバルに連鎖していったことは、第二次世界大戦とその後くりかえされた戦乱について知っている人びとにとって、否定しがたい事実なのである。

こうしたカタストロフィックな光景に直面し、たじろいだ人びとが二〇世紀後半に掲げた理想こそ、「自由」だったといえる。規制をできるだけ撤廃し、市場の効率的な配分によってより良い社会が実現されると期待すること。もちろん「平等」という理想が完全に放棄されたわけではない。ただし実質的な「平等」ではなく、形式的な機会の平等だけでひとまずは充分とされる。それだけでは貧富の差は解消されないかもしれない。だがその差は努力の正当な結果とみられ、再チャレンジする機会さえ保証されていれば、格段の問題はないとみなされたのである。

こうした「自由」の理想は、二一世紀にもなお政治的、また思想的に疑いにくい風土となっている。絶対的な「平等」が社会の一般的な要求になることは稀で、形式的な平等を踏まえた各人の自由が強調される。とくに一九七〇年代頃よりグローバルに活発化した新自由主義的な思想は、市場における自由の追求を重要視し、それが日本を含め多くの国で、今では空気のような政治的土台になっているのである。

とはいえ他方で新自由主義を中心とした自由の追求に、皮肉な逆効果があったことも見逃せない。「自由」という理想は形式的には、なるべく統制をおこなわない「小さな政府」を要求する。ただし現実的には、その試みは多くの国家を肥え太らせることにつながった。高齢化社会の到来とともに支出の増大が求められ、実際には「政府」を「大きく」

しなければならなくなったからだけではない。問題は「自由」の前提条件であるとともに、その目的ともされる経済発展が、国家の命令に従うことを人びとに求めることである。経済発展のために国家は、戦略的な規制の緩和や資源の配分にかかわるみずからの決定に人びとが従うことをますます強く要請する。加えて、多くの国家が経済発展を目指すなかで、競争に勝ち抜くためさらに大きな決定権が要求された。そのあげくに皮肉にも新自由主義的な政治的志向の高まりは、国家の力の拡大の連鎖を招いてしまったのである。

こうした矛盾が、たとえば日本ではコロナ禍の対応においてよく観察された。たしかに日本では国家がコロナ禍に対し強い力を振るえなかったことが、しばしば「民主主義」と「自由」の勝利として称賛されてきた。法的不備もあって実現できたのは、せいぜい飲食店や小売店・娯楽施設の営業短縮の要請にとどまり、他国のような強力な都市封鎖を日本は取ることができなかったのである。

ただし他方ではこうした「無力」が、経済的な力の拡大という新自由主義的な国家の目標をあくまで追認するものだったことも見逃してはならない。たんに無力だったからではなく、経済発展を推し進めるという強い意向のもと、日本国家は外出の禁止やテレワークの強制といった他国ではしばしばみられた都市封鎖を拒否していったのではあるまいか。その裏返しとして、感染や死者の増加を受け入れることさえ強制されたという意味で、ここには国家の無力ではなく、むしろ死のなかに私たちを放置する国家的な力の強力な発動がみられたのである。

そうした権力の残忍さをよくあきらかにしたのが、二〇二一年のオリンピックの強行だった。感染の増加があきらかな段階で自民党に率いられた国家によって開催されたオリンピックに、国家の「無力」をみることは到底できない。グローバルな社会のなかで国威を発揚し、それを経済発展に結びつけるためには、「多少」の死者が生じても構わないとする権力による見切り発車がそこではなされていたのであり、その力は、多くの人が疑問を感じながらも、実質的にはそれに抗うことができないほどに強力だったのである。

†私と多様性という理想

以上、大きくみれば、二〇世紀における社会の理想は、「平等」から「自由」へ変わっていったといえるが、両者の背景にあったのはいずれの場合も資本主義の巨大な成長にいかに対応していくのかという課題である。「平等」という理想においては資本主義の影響の是正が目指され、「自由」という理想では資本主義的発展がますます望まれているという意味で、真逆のものが目標とされていたようにまずはみえるかもしれない。ただし両者は、①時代の資本主義の成長に対応して要請されたという条件においてだけではなく、②

国家の力の拡大を招いたという結果において共通していた。「平等」あるいは「自由」という理想の名のもとに、資本主義の発展をコントロールすることがそれぞれの仕方で目指され、それをおこなう主体としての国家の力が強められていったのである。

以上の意味で大きくみれば二〇世紀の理想は、私が「私」として端的に存在することを許さず、むしろそれを統制し管理することにむすびついてきたといえる。「国家とは何か」という錯綜する議論にあえて踏み込むつもりはないが、その機能のひとつとして、私たちの望みや行動をコントロールすることが含まれていることは強調しておいたほうがよい。「自由」という理想さえ、国家が主導する「合理的」な経済発展の道筋を受け入れることを前提に追求されてきたのであり、その枠を離れた私的な選択は、あくまで自己責任の結果としての「罰」を引き受けるかぎりで許されてきたにすぎないのである。

こうした二〇世紀の理想に対して、本書はこれからのあらたな理想として、個々人が具体的に実現する「私」的な選択や、さらにはそれが可能にする「多様性」を提示したい。そもそも二〇世紀の「平等」や「自由」という理想が国家と強くむすびついてきたのは、大きくみれば資本主義をそれぞれに望ましいかたちでコントロールするためだった。抑制するにしろ、さらなる成長に向かわせるにしろ、資本主義をみずからの望む方向へと制御する装置として国家が利用されてきたのである。

それに対して、本書は資本主義がはらむ可能性それ自体をより正面から擁護することを試みる。これからみていくように、そもそも資本主義は、たんに経済活動の形式的な自由、つまりは市場における利潤の拡大だけを促すものにとどまらない。歴史的にみれば資本主義には、合理的、また利益中心的な経済活動に収まらない多様な社会活動をむしろ拡大する「過剰」さが含まれてきた。それが秩序を組み換え更新する危険性をはらむからこそ、国家は資本主義を規制しようとしてきたわけだが、それに対し本書は資本主義の側にあえてつき、それが促す私的な選択や多様性の拡大をこの社会の「理想」としてむしろ積極的に擁護したいのである。

†消費とは何か?

ではなぜ資本主義を、私的な選択や多様性の根拠とみなすことができるのだろうか。この場合に重要になるのは、消費社会、またはより端的には「消費」という視点である。「はじめに」でも触れたが、これまで消費社会は次々とあらたなモノや記号を送りだし、その購買を求めるシステムとして捉えられる場合が多かった。そのせいで消費社会は生活を豊かにするものとして評価されながら、同時に人びとを縛るものとしてしばしば非難されてきた。生産された商品は消費されなければならず、だからこそこのシステムは人びとに購買を強制するとみなされる。結果として、私たちは本来の自分の欲望を見失い、つまり「疎外」されていると非難されてきたのである。

こうした見解は、完全にまちがっているとはたしかにいえない。この社会では栓をひねれば熱いお湯が流れ、パソコンに向かえば好きな動画をユーチューブ（YouTube）でみることができる。その背後にあるのは、モノや記号（＝情報）を次々と生み、更新していく資本主義のシステムである。それができるだけ多くのモノを売ることを目標とし、だからこそ多様な広告を展開しつつ、私たちを購買へのプレッシャーに日々さらしていることはたしかに否定しがたいのである。

とはいえモノが豊かにあり、その購買が求められることだけが、消費社会の本質ではない。それはむしろいわば「生産社会」のより一般的な特徴であり、実際、消費社会だけに豊富にモノがあるわけではない。たとえばマルクスが主張する共産主義においても、「必要に応じて」与えられる社会、その意味で少なくとも一定の水準で「豊かな」物質的暮らしが送れる社会が夢みられていたのである。

そうした共産主義的社会が本当に実現可能かについては、たしかに議論の余地がある。ただし他方で資本主義「以後」の社会ではなく、それ「以前」にすでに「豊かな」社会があったと主張する者もいる。たとえば文化人類学者のマーシャル・サーリンズは、貨幣を充分に知らない狩猟採集社会は、他に選択可能な財がなく、だからこそ欠乏も知らないことでむしろ豊かだったというのである[4]。

だとすれば少なくとも物質的な「豊かさ」だけを、消費社会の特徴とみなすことはできない。多くの社会が、少なくとも一定の歴史的、経済的状況のなかでそれぞれの「豊かさ」を追求し、また享受してきたのであり、そうした社会と消費社会を区別するためには「豊かさ」だけではなく、この社会で日々くりかえされる「消費」に注目したほうがよいのである。

では消費とは何か。その最大の特徴は、金を払うことで自由にモノを選び手に入れることを可能にすることにある。たとえば消費と同様、何かを貰う(=「贈与」)場合にもモノの所有権の移転が伴うが、その際に、私たちは何が欲しいかを自分で自由に決められるわけではない。また貨幣を仲立ちとしない物々的な「交換」においても、不自由は一定程度緩和されるだけである。具体的に何を持っているのかによって、何が得られるかはかなり限定されてしまうからである。

他方、「消費」においては、何をどれだけ手に入れられるのかは、当事者によってあくまで自由に決められる。価格に応じた金を払うならば、好きなモノを手に入れ、その後は好きに使うことが認められている。それを許されていない嫌々の、また強制的な商品購買はそもそも通常の意味では「消費」と呼ばれることはないのである。

もちろん法的な制限はあり、危険なモノや人道に反するモノを買うことは通常、禁止されている。ただしそれはあくまで公式の話であり、ドラッグや性的商品など、法を超えたインフォーマルな取引がしばしばくりかえされていることも周知の事実である。譲渡可能なものならば、金さえ積めば買える可能性は万人に開かれており、取引が大衆的にくりかえされる場合には、たとえば大麻がグローバルに解禁されつつあるように、法制度のほうがかえって変えられることさえありうるのである。

では何が消費におけるこうした自由な選択を可能にしているのだろうか。その中心にあるのは貨幣である。貨幣はその本質として、私たちが所属する共同体や文化から距離を取り、多様な商品のなかで何かを選び取ることを可能にする。もちろん広告や他人の意見によって、購買欲が生まれることもあれば、消費の選択が無意識や消費者の出自や受けた教育、所属する階層によって左右されることもある。とはいえそれでも貨幣が、そうした構造的な決定や強制力を少なくとも一定程度、相対化する力を持っていることも忘れてはならない。貨幣はそれを所有する者に、どの商品を買うのか、またはそもそも買うか買わないのかという任意の選択を許すのであり、そうであるかぎりにおいて貨幣は貨幣として通用し、でなければそれはすぐに引き換え証書の類に転落してしまうのである。

こうした貨幣の力を具体的に実証する行為こそ、消費といえる。消費によって、貨幣が持つ選択の自由は具体的に実証されるのであり、この意味で消費における自由は、あらかじめ存在するとされる「個人（individual）」や「人格（person）」によって支えられているわけではない。社会につねにすでに非人称的に散らばる貨幣こそより直接的に消費の自由を保障し、それが資本主義社会では「個人」や「人格」の具体的な自由をむしろ可能にしているのである。

同様に消費を国家によって定められた権利とみなすこともできない。かつてジョン・スチュアート・ミルは、誰であれ、「他人の幸福を奪ったり、幸福を求める他人の努力を妨害したりしないかぎりにおいて、自分自身の幸福を自分なりの方法で追求する[5]」ことを許す法的、政治的な権利を主張していた。その主張には一定の正しさがあるとしても、政治的な権利が守られれば、すぐに具体的な自由が保障されるわけではない。現代社会では貨幣こそが、他者の思惑やこれまでの一貫性さえ気にすることなく、個人の希望を押し通すためのむしろ具体的な根拠になっているからである。

それを確認するためには、たとえば政治的な権利が保障されていても、「私」的に消費できない社会のことを想像してみればよい。そうした社会では慣例や慣習から外れて行動することはむずかしく、ときには命がけの行為にさえなってしまう。他方、現代社会にはアルコールの過剰な摂取や性的消費など、他人の目には破滅的にみえ、また道徳に反するとみなされる消費もあるが、その追求すらもある種の「愚行権」として一定程度、許容されているのである。

この意味では消費の魅力は「豊かさ」を保障する以上に、好きに金を費やし、飢えること、つまり「貧しさ」や「愚かさ」を許すことにあるとさえいえる。本書が少なくとも現在の想像力の範囲において、消費社会をかなり望ましい部類の社会とみなすのは、こうした自由のためである。たしかに物質的に「豊か」に生きることは大切で、また誰かと一緒に何かしらの価値を共有することもそれなりに意味があるはずである。しかしそれらが保障されていても、私的な選択が端的に許されない社会が生きるに値するものとは、筆者には当底信じられない。それはそうした社会が、私が私としていられること、つまり「多様性」を許容しないからである。他方、私的消費がくりかえされる消費社会は多様性をむしろ促し、拡大する。消費は人の目からはたとえ「愚か」にみえようとも、私的に選択し、それによって私であり続けることを可能にする具体的な根拠となるためである。

本書が消費社会と、それを後押しする資本主義を擁護するのも、そのためである。ただし注意すべきは、ここでいう資本主義がこれまで想定されてきたような経済的合理性の枠組みのなかにとどまるものではないことである。たとえば消費者が高価なものや逆に価値のないものにこだわり、有用物の代わりに無用物に執着することは、日常的によくみられることである。そうした「愚かな」行為を一例として、消費、または消費という観点からみた資本主義は、むしろ経済的な合理性をはみ出す多様な取り組みを拡大してきた。こうした多様性が人びとを従わせコントロールする上で厄介な障害になるからこそ、国家も資本主義に対立し、それをどうにか規制しようとしてきたのである。

2　二〇世紀の消費社会論

†歴史としての消費社会

だからこそ本書は、消費社会を性急に否定する試みに反対し、逆にそれが実現する「私的な選択」と「多様性」こそ守るべき、またますます追求していくべき理想として主張する。私的自由を具体的に拡大する社会として、消費社会以上のものはこれまで知られておらず、また近い将来にそれが現れるとも考えにくい。だからこそ私たちは少なくとも現在の想像力においては、消費社会を少なくとも真剣な検討に値するものとして考慮しなければならないのである。

もちろん現実にはユートピアは存在せず、消費社会にさまざまな問題があることもすぐに付け足しておかねばならない。消費社会が万能な解決策になるわけではなく、依然として国家間の対立や格差の拡大、多様な差別など多くの問題は残り続け、また気候変動といった難問も膨らんでいる。

こうした問題については第四章、第五章で詳しく検討していくが、そもそも問題が発生するひとつの原因は、消費社会が歴史的につくられてきた社会としてあるからである。いかなる私的消費が受け入れられ、社会的に許容されるかは、これまでいかなる消費の選択が積み上げられてきたかによって方向づけられる。だからこそ歴史を無視して、現在の私的消費の形式的な自由をあまり強弁しても意味はない。消費社会はあくまで固有の歴史のなかで具体的な自由を私たちに促しているからであり、他方でそれに基づき特有の課題や制約も抱えている。

消費社会のこうした歴史的あり方について、だがこれまであまり真剣に検討されてはこなかった。消費社会は資本主義の発展を補うあらたな段階、それゆえ最後に現れる歴史の外のユートピア的なシステムとして評価されることがむしろしばしばだったのである。

こうした見解を支えてきたのは、おもにマルクス主義、さらにその強い影響を受け成立したレギュラシオン学派を代表とするポスト・マルクス主義的見方である(6)。資本主義は累乗的に生産を拡大していくとマルクスはみたが、そうして生産された商品がいかに消費されていくかについては多くを語らなかった。それを補い、後世の論者たちはしばしばマルクスが語るべきだったたと思うことを饒舌《じょうぜつ》に付け足してきたのである。

その際に強調されたのが、資本主義下では商品が多くつくられすぎる傾向があり、そのせいでモノ余りという「過剰生産」にしばしば陥っているという問題である。つくられた商品が誰かに消費されることによって、資本主義は続いていく。では誰が消費するのだろうか？　資本を所有する資本家は、少なくとも得られる利潤の多くを消費のために費やすことはない。定義上、資本家はその利潤を投資に回し、さらなる拡大再生産を目指す者だからである。他方、労働者にも消費を拡大させる余裕はない。マルクス主義的見方に従えば、資本主義はその競争の過程で賃金を切り詰め、結果、労働者はますます窮乏してしまうはずだからである。こうして資本家も労働者も、生産される商品を充分に買う主体にならないとすれば、資本主義はたしかに早晩行き詰まりをみせてしまうと考えられる。

†資本主義の延命

しかしさまざまな問題はあるとしても、資本主義は少なくとも現在にいたるまで続いている。その矛盾を説明するために、いくつかの解釈がこれまで考えられてきた。資本主義的体制は、①帝国主義的な侵略のもと植民地に商品を売りつけるか[7]、②生産された商品の価格を切り下げ商品の販売を続けるか、③労働者の賃金を引き上げ商品を買ってもらうことで、延命されるとみられてきたのである。

だが、①の解釈は、二〇世紀には資本主義の「外部」が減少していったという事実とうまく折り合いがつかない。一九世紀においては大量生産した商品を植民地に売りつけることで、資本主義はなお発展できるようにたしかにみえた。二〇世紀に資本主義がより膨張すると、だがこの想定はむずかしくなる。覇権争いが激化し植民地が「稀少」なものになるからだけではない。植民地自身が資本主義化され独立する傾向を強めることで、大量生産された商品を引き受けるのではなく、むしろ安価な商品を大量に供給する「過剰生産」という問題の一部にみずからなってしまうためである。

たしかに資本主義化されない場が、なお先進国の内外に拡がっていることは認めなければならない。この世界では奴隷的な労働や暴力的収奪が続けられており、それが利潤を生みだす少なくともひとつの源泉になっている。とはいえ、それらが二〇世紀以降にますます巨大化していく資本主義のおもなエンジンになったとみなすことはやはりできない。

他方、②の商品の価格を下げるという道は、日常的に観察される状況であると同時に、古典的なマルクス主義的見方にも一定程度通じている。過剰生産に伴う購買力の相対的な不足は、商品の価格を下げることによって対処されるとみられるのであり、実際、二〇世紀末以降の日本においてはデフレが進み、それが経済の不況に伴う購買力不足をなんとか補ってきたことも事実といえる。ただし物価の抑制は、企業が利益を上げることをむずかしくすることで総体としての購買力をますます縮小させ、そのため長期化すれば資本主義の存続――ただし後にみるようにそれは消費社会の存続とはかならずしも一致しない――を脅かしてしまうことになる。皮肉にも、古典的なマルクス主義にとっては、それが希望になった。経済恐慌はさらなる不景気と労働者の窮乏を招き、それによって革命と共産主義への道を拓くと少なくとも一部には期待されてきたのである。

だが多くの国ではこうした筋書きは達成されず、二〇世紀に資本主義はますます繁栄するとともに、労働者の取り分をむしろ増やしていくことになった。たとえば先にみたピケティの分析でも、総所得で上位一パーセントの者の取り分は一九四〇年代以降、一九七〇年代終わり頃までは日本やイギリス、フランス、アメリカのすべての国で下降し、逆にいえば労働者が多くを占めるはずの残りの九九パーセントの者の取り分は増加しているのである（前掲図2）。

二〇世紀なかば以降、資本主義はこうしてこれまでにない豊かさを大衆にもたらしていった。以上のような事態を説明するには、③の労働者が消費者に変わったという見方のほうがより妥当だろう。資本家側の取り分の相対的な減少は、短期的にみれば戦争による破壊の影響が大きかったとしても、それがその後、世界的に拡大していったことについては、労働者の利潤の取り分が実質的に大きくなったことの効果を否定できない。たとえばフランスで生まれた経済学の一派、レギュラシオン学派は、機械による大量生産や労働者の徹底的な管理をおこないつつ、その成長を労働者に還元するやり方が第二次大戦後には世界的に拡大することで、労働者の賃金を押し上げていったと説明するのである。

こうしてあらたに地球を覆い始めた経済的なトレンドを、レギュラシオン学派はアメリカの自動車会社フォードの生産方式を例として、フォーディズムと呼んでいる。フォードは一九〇八年の発売以来、一九二七年まで大きなモデルチェンジをすることなくT型フォードをそのまま販売し続ける。それを前提に規格化や大量生産体制の整備も進み、そのおかげでT型フォードの販売価格も八五〇ドル前後から二六〇ドルまで下がっていった。重要なことは、そうした生産性の向上に並行して、労働者の賃金も上がっていったことである。それまで自動車のような工業製品を生産する工場で働く者たちが、自分でつくった商品の完成物を購入することは容易ではなかった。しかしヘンリー・フォード自身が、「日用品をつくっている労働者が、自分のつくったものを買えないようでは本当の繁栄はありえない。ある企業の従業員はその企業を支える大衆の一部である」(8)と語っているように、生産性の向上に合わせて多くの賃金が支払われることで、労働者がたとえば自動車を買うこともできるようになったのである。

たしかに高い賃金が支払われたのは、経営的目論見や慈善的意図のためだけではなく、厳しい労働のせいで労働者が定着しがたかったからとも指摘されている[9]。労働者をベルトコンベアの部品としていくような大規模生産に伴う労働の苛酷化に対処するために、高い賃金を支払わざるをえなくなったのである。

ただしそれでもなおフォードが生産性の上昇に合わせ、利潤の取り分の多くが労働者に回るようなシステムをつくりだしていったこと自体の意味は否定できない。労働者を自社の顧客に変えるフォードを前例としたシステムは、二〇世紀なかばにはさらに一般化することで、先進国を中心に高い経済成長率が達成された。おかげで労働者は生活するために労働をくりかえすだけの者ではなくなる。稼いだ金をもとに活発に消費することで資本主義の再生産の命運を握る集団へと労働者は変貌し、それに伴い資本主義が不可避的に抱える「過剰生産」という問題も回避されたとみなされてきたのである。

†消費者の主体化

ただしより多くの賃金が渡るやいなや、労働者はさかんに消費し始めたとみることはできない。労働者が活発な消費主体となるためには、一定の社会的な装置やシステムが理論的にも、実際上も必要になる。

たとえばアメリカの経済学者ジョン・K・ガルブレイスは、消費需要を喚起する上で広告が大きな役割をはたしたことを強調している[10]。ガルブレイスによれば、資本主義のもとでは多くの資金が広告に投下され、それによって消費が促進される。本来であれば起こらなかった「無駄」な消費が広告に主導されて積み重ねられているというのであり、それと合わせて同じく冷戦下で際限なく支出されているとみられた軍事費の両者が、アメリカ資本主義を無駄に膨張させているとガルブレイスは批判したのである。

ただしフランスの社会学者ジャン・ボードリヤールによれば、こうした広告の効果はあくまで限定的なものにとどまる[11]。労働者を消費者とする装置はよりみえにくいかたちで、だがいっそう強く稼働しているとボードリヤールは主張する。その際に注目したのが、大量の商品が織りなす複雑な関係性そのものである。大量かつ多様な商品が相互に関係をむすぶことで、商品はその「差異」によってそれぞれに特有の意味を帯びた「記号」として現れる。それを活用して、自分の趣味嗜好や階級、社会に対する態度や意見などを表現するために人びとは無際限に購買活動をくりかえしているというのである。

ボードリヤールはそうして消費を社会でくりひろげられているコミュニケーションのひ

とつと捉えていった。私たちは日々、言葉という記号を用いて、コミュニケーションを積み重ね、また現代ではSNSを中心としたデジタルなコミュニケーションの場も膨張している。ボードリヤール的にみれば、二〇世紀における大量の商品の消費は、こうしたコミュニケーション的場の拡大に先駆けるかたちで大衆に蔓延した。私たちは多様に存在する商品を選択して買うことで社会的地位や趣味嗜好を競い合い、さらにはみずからの思考・感情、他者への愛情、誰の側につき誰とは同じ側にいたくないかなどを、世の中の人に対して表現している。だからこそ消費には終わりがない。しゃべることや書くことに充分満足し、コミュニケーションをやめる人がほとんどいない――黙ることさえひとつのコミュニケーションとなる――ように、消費というコミュニケーションもつねに伝え足りないという不満を残し、だからこそ終わりなく再開されるとボードリヤールはみたのである。

この意味では二〇世紀の労働者を消費に駆り立てた要素として、広告や分割払いの一般化、クレジットカードの普及といった目に付きやすい装置だけに注目してはならない。それは部分的な装置にすぎず、人びとを消費へと駆り立てたのはコミュニケーションの渦のなかに彼・彼女たちを巻き込む大衆社会の構造そのものだったというべきである。そもそもボードリヤールはたんに物質的な必要性から、または個人的な趣味として、消費はなされているのではないという。そうした活動がたとえおこなわれているようにみえるとしても、それは社会的実践としての消費とは切り離されている。ボードリヤールによれば、消費とは何かを見知らぬ他者に表現し、そのくりかえしによってなにかしらの言説をつくりあげる、あくまで社会的行為なのである。

ではなぜ、またいかにして、こうして消費をコミュニケーションの重要な一部として組み込む社会（＝ボードリヤールのいう消費社会）が出現したのだろうか。ボードリヤールはそれを資本主義の発達の段階に呼応して形成されたとみなしている。一九世紀にはとくに「農村人口」に対して生産増強のために「訓練」が積み重ねられていくことで「労働者」が生まれた一方で、二〇世紀には商品を用いた社会的なコミュニケーションの「訓練」によって「労働者」が「消費者」へと変換される。[12]そうして及ぼされる権力の変化を前提に、二〇世紀には消費を通したコミュニケーションが一般化し始めるというのである。

ただし誤解してはならないが、ボードリヤールはそうして生まれる消費者をただシステムに受動的に従う者とみなしたわけではない。そもそもボードリヤール自身が、消費者を広告に騙《だま》され従う受け身の者とみなすガルブレイスの議論――さらには消費を主体的な富のみせびらかしとみるヴェブレンの議論[13]――を敵とすることで、その理論を構築している。言葉を話す者が文法に従って機械的に話しているとはみなされないように、消費者も商品という記号を貫く何かしらのルールに従いながらも、あくまで主観的には自発的にコミュニケーションをくりかえす「能動」的な主体として活動しているというのである。

ただし一方で、消費者の自律的な主体性が強調されたわけでもない。より大切なことは、ボードリヤール的にみれば、消費者が主体的であるか、受動的であるかという対立には、幻想以上の意味はほとんど存在していないことである。ボードリヤールがあきらかにしたのは、そうした主体の意識以前に、消費という集団的なゲームがくりかえされている現代社会の不思議さである。特定の誰かに対してでさえなく、見知らぬ集団に対して人びとは消費を通して何かを主張し、何かを弁明し続けている。沈黙のままコミュニケーションがくりひろげられ、それが逃げ場なく集団を巻き込んでいくこうした非人称的な場が、消費を媒介として二〇世紀後半に膨れあがっていることにボードリヤールは驚いたのである。

3　消費の歴史社会学的探求

†資本主義の外部

ボードリヤールは以上のように消費を社会学的に分析する道具立てを工夫することによって、「消費社会論」に後戻りのできない一歩を付け加えた。ボードリヤールは、経済学者のように貨幣が与えられるやいなやすぐに購買を始めると事実上消費を無視したわけでも、ガルブレイスのように消費を広告によって操られる受動的行為とみなしたわけでもない。ボードリヤールは、消費をあくまで他者との共存的関係のなかでくりひろげられる社会学的な実践として初めてあきらかにしたのである。

ボードリヤールのこうした社会学的な達成は重要だが、ただしそれによって消費とは何かが、充分にあきらかにされたともいえない。最大の問題はボードリヤールの理論がなお、現在を資本主義の危機とその克服の時代とみなすマルクス主義的議論の重力に捉えられてしまっていることである。

先に確認したようにマルクス主義的見方に従えば、資本主義は過剰生産とその裏返しとしての購買力不足という危機をつねに抱えている。それに対して、「消費社会論」は二〇世紀なかば以降、顕著になった消費の活性化によって購買力不足は解消されると説明する。ガルブレイスによれば広告というマーケティングのシステム、ボードリヤールによれば記号化した商品を利用したコミュニケーションのシステムによって無際限の欲望がつくりだされ、そのおかげで過剰生産という危機は繰り延べされてきたとされるのである。

この意味ではガルブレイス、またボードリヤールは消費社会を、二〇世紀における資本主義の完成形態と捉えたということができる。マルクス主義が共産主義を資本主義の諸矛盾が積み重なるはてに生まれるユートピアとみなしたのに対し、「消費社会論」はその代わりに消費社会こそがその矛盾を解決すると主張する。つまり「消費社会論」は消費社会を資本主義の完成形態とみなし、それによってマルクス主義者がみた共産主義という「夢」を、体制の側からみて正しい「現実」へと置き換えたのである。

「消費社会論」が描くこうした図式には、たしかに一定の妥当性がある。現代の消費社会は商品を機械的に大量に生産する、いわゆるフォーディズム的な生産をなお一定の土台としている。それに加え、ガルブレイスやボードリヤールが描いたような高度なマーケティングシステムや、商品を記号化するコミュニケーションシステムに補われ、現代社会が維持されていることも疑いにくいのである。

結果として「豊かな」社会が出現したというリアリティに支えられ、「消費社会論」は現状肯定的なイデオロギーとしてもてはやされてきた。とはいえこうした見方に固執すれば、消費、そして消費社会とは何かという問いは、マルクス主義的な狭い枠のなかに閉じ込められてしまう。消費社会はこの場合、合理化されたシステムとしての資本主義の完成形にすぎないものとみなされ、その上で消費は、資本主義の余剰を引き受けることでその再生産に仕える機能的な補完項へと矮小化されてしまうのである。

だが消費社会や消費は、本当に合理的なシステムとしての資本主義の枠内に収まる程度のものにすぎないのだろうか。たとえばボードリヤール自身、消費を集団的なコミュニケーションとみなしていたが、そもそもそうであるかぎり、消費は資本主義の二〇世紀的な成長をまってかならずしも成立するものとはいえない。大量の商品がつくりだされ、日々更新されていくことで、このコミュニケーションはたしかに活性化されている。しかし一方では、メディアの発達以前から会話や表情によるコミュニケーションがくりかえされ続けているのと同様に、一定の貨幣と商品がそこにあれば、消費というコミュニケーションも少なくとも局所的には特有のかたちで展開されてきたと考えられるのである。

さらに別の角度から重要になるのが、消費には先にみたように私的選択の実現という契機が含まれていることである。ときに愚行や狂気にもみえる結果を伴うという意味で、こうした消費は、合理性に縛られた狭い意味での資本主義の枠組みには収まらない。実際、これから確認していくように、歴史を具体的に探れば、個人的な快楽や満足を求めて多くの人びとが、消費に際してかならずしも合理的とはいえない選択をくりかえしてきたことが浮び上がる。その意味で消費とは何かについて考えるためには、資本主義の合理的な発展史に単純に還元することなく、消費によって人びとが何をおこない、それが社会をどのように動かしてきたのかについて具体的に確かめていかなければならないのである。

こうした問題関心のもと、消費が一定の拡がりと頻度でくりかえされ、結果としてある種の拘束力を発揮する社会的場のことを本書では「消費社会」と呼んでいきたい。誤解してはならないが、こうした定義は消費社会をいついかなる場所でもみられる非歴史的なものと捉えるものではない。もしそうみえる者がいるとすれば、それは「歴史」をマルクス主義的に通時的かつ必然的に発展していくシステムとして狭く理解しているにすぎない。

そうした思考方法そのものをむしろ疑い、歴史を無数の偶然によって成り立つ固有の拡がりとみなす必要がある。そうすれば、コミュニケーションのため、または私的な欲望を満たすために、さまざまな機会を捉え消費をくりかえしてきた集団としての人びとの姿が浮かび上がる。そうした実践が瓦礫《がれき》のように積み重なることで支えられているという意味で、消費社会はたんに資本主義を補う二〇世紀的な補完項にはおさまらない。むしろ消費社会はそれ自体、時間と空間を横断しつつ、さまざまな場で特有のかたちを取りながら積み上げられてきた固有の歴史、または歴史の残骸とみえてくるのである。

†消費社会の「起源」

こうした見方に戸惑う人もいるかもしれない。だが筆者だけがそう主張しているわけではない。近年、消費社会を二〇世紀に現れた資本主義の完成形態としてではなく、現代を遡る時代にさまざまなかたちで現れたより具体的な社会性とみなす研究が歴史学や歴史社会学を中心に数多く現れている。

たとえばコリン・キャンベルは、マックス・ウェーバーが『プロテスタンティズムの倫理と資本主義の精神』で展開した議論を仮想敵としつつ、一八世紀に享楽主義的な消費に対する性向が高まりをみせたことが、資本主義の発達の礎になったと論じている[14]。個人の快楽を重視するロマン主義的な心性が勃興し、新規なモノに対する需要が高まったことで、経済活動が活発化し、それを踏まえ資本主義も成長したというのである。

キャンベルのこうした見方はやや抽象的かつ形式的なものにみえるが、より具体的なモノに絞って、一六〜一八世紀に消費の自覚的追求の高まりをあきらかにする研究も近年では珍しくない。たとえばジョオン・サースクは一六世紀にはイギリスで靴下やピンといった日用的な生活雑貨への需要の高まりがみられ、それを前提に多くの企業が勃興したと論じている[15]。それがのちの産業革命につながるというのだが、そうした見方はニール・マッケンドリック、ジョン・ブリューワー、ジョン・H・プラムらにも共通する。[16] 彼らは一八世紀のウエッジウッド陶器の需要の高まりや広告産業の拡大、園芸植物や愛玩動物などさまざまな娯楽商品の流行に注目し、消費を中心とした一定の社会的拡がりがそこでみられたと主張しているのである。

日常的な製品に対して関心が寄せられただけではない。たとえばデイヴィッド・T・コートライトは、蒸留された酒による酩酊《めいてい》やより強いドラッグによる陶酔を求める心性が一七、一八世紀に生まれ、それが感覚的快楽をもたらす多様な物質が消費される私たちの時代の前提条件になったと論じている。[17]

これらの研究を参照すれば、産業革命以降の資本主義の発達を補う二〇世紀的システムとして消費社会が生まれたとは簡単にはみなせなくなる。近代の資本主義の成長以前にモノに対する旺盛な需要が広範な人びとの生活のなかでみられ、それが逆に生産の革命を牽引したとみえてくるからである。

こうした主張は、遡ればヴェルナー・ゾンバルトの『恋愛と贅沢と資本主義[18]』にたどり着く。一九一二年に原著が出たその本で、ゾンバルトは世紀の宮廷における享楽的な消費とそれと関係するあらたな恋愛感覚や感情の出現こそ、資本主義の礎になったと主張している。それを遠い起源として、近年ではあらたな感覚や感情の様式の登場、またそれとかかわる消費の展開を資本主義の成長の前提とみなす研究がさかんになっているのである。

†遊廓の消費

ただし消費社会論という観点からみれば、以上のような研究にも一定の限界がある。そうした研究は、既成のマルクス主義的見方を書き換えたことでは大きな意味があったが、一方ではそれをただ転倒したものにとどまっている。生産が先か、消費が先かという古くからある対立が後者を強調して描き出される。だがそれだけなら、消費をあくまで生産機構との関係で捉えるマルクス主義的図式そのものは無傷のままに残されてしまうのである。

そうではなく消費と生産の関係そのものをよりラディカルに問い直す必要がある。マルクス主義は生産が消費を支えると主張し、最近の歴史的研究は逆に消費が生産を刺激すると論じている。しかし生産との関係のなかでしか消費は本当に捉えられないものなのだろうか。そもそも消費は貨幣の可能性を具体化する実践として、貨幣の一定の普及以来、長期にわたってくりかえされてきた。そうした営みのなかで独自の行動様式や、論理や感性も育まれてきたという意味では、消費を近代的な産業の起源、またはその結果としてだけ評価することには限界がある。むしろ生産と独立して営まれてきた消費の固有の論理と歴史、そしてそれが社会にもたらした影響について考えてみなければならないのである。

その一例として、たとえば筆者は、『消費の誘惑　遊廓・白米・変化朝顔――一八、一九世紀日本の消費の歴史社会学』[19]で一七世紀以降の日本を対象に、生産それ自体とは一定の距離を持ちながらも消費がくりかえされてきたこと、さらにそれが社会の秩序を大きく揺り動かしてきたことを論じている。

貨幣が一七世紀に庶民の生活にまで行き渡ることを前提として、消費が「私」的な欲望の追求の機会として人びとに受け入れられていくことが、そこではまずあきらかにされた。その時代の人びとにとって消費は既存の社会体制に抵抗したり、あるいはそこから一時的な逸脱を夢みる大切な機会となったのであり、それをよく表現していたのが、たとえば遊廓の繁栄である。

一六世紀終わり頃から都市には、職業的に売春をおこなう「商品」としての遊女を集めた遊廓が巨大な施設として現れる。かつて宿駅や港で小規模なかたちで散在しておこなわれていた売買春とは異なり、遊廓は大都市の一角に定着しつつ、数多くの娘たちを集め、一定期間さまざまなトレーニングを施すことで、巨大なシステムとしての売買春の場をつくりだしていくのである。

しかしこうした遊廓の形成と、時代の産業機構の展開のあいだにかならずしも強いつながりがみられたわけではない。むしろ遊廓は、その時代に確立されつつあった家を中心とした権力秩序をより大きな前提として形成された。遊廓を構成する個々の遊女屋は、家々から人減らしや借金のカタのために送り出される娘たちを買い受け、遊女へと磨き育てていく。そこで展開される儀礼や習俗も、家を模したものが多かった。たとえば太夫道中やお歯黒の風習など、遊廓には家の結婚を模倣する習俗が多くみられる。そうして婚姻にまつわる儀礼を再演することで、部屋住みの子弟や、あるいは現実に家長として暮らしていながらもそれに満足していない武士や商人にもう一度家を生き直す機会を遊廓は与えたのである。

とはいえ遊廓は、家の形成にかかわる習俗的な経験の場として受け入れられただけではない。家を（再）経験することは魅力であり、またその際に提供される性的な快楽も当然無視できない。だが一方では遊廓の魅力は、商品を私的に使用する「消費」の経験をより根本的な形式としていたように思われる。遊廓には多数の遊女が集まり、金を払うことで客はそれを自由に弄ぶことができた。つまり消費という形式をあくまで前提として、客は遊女を性的に弄び、また家を生きなおす機会を得ることができたのである。

さらに遊廓では金さえ持てばたとえ商人であれ武士を押しのけ、憧れの遊女を独占することができた。遊廓は貨幣を用いたそうした「遊び」のなかで既存の社会的秩序を乗り越える経験さえさせていくのであり、だからこそ遊廓は、多くの人びとにとって憧れられるとともに、権力の取締りの対象にもなったと考えられる。

一例として近松門左衛門は一七世紀の末頃よりの遊廓を舞台として、遊女買いの経験のうちに、心中死を代表として、家の秩序さえ超える性愛的な幻想がはらまれていくことをあきらかにしている。近松はかならずしも事実を描いたわけではない。だが近松はその浄瑠璃において、遊廓での「遊び」によって、家父長的な家さえ超えた性愛のファンタジーが生まれると鑑賞者たちを誘惑していったのであり、それが既成の秩序をはみ出すものだったからこそ、たとえばその中心にあった心中死を劇化し、物語化することも幕府によって規制されていくのである。

†植物世界の誘惑

他の商業的場に先駆け、遊廓はこうして私的な快楽に興ずることへと誘う消費の場を形成する。無数の家から「仕入れ」た娘たちを育て、芸を仕込むことで、時代の産業機構に依存せずとも遊廓は独自に遊女という商品をつくりだす。そうして取り揃えられた性格や位、そして価格の異なる多様な遊女を相手として、客たちは家や幕藩秩序を超える独自の「遊び」を手探りで展開していった。あくまで関係のなかで成立するという意味で、「性愛」は自分ではいかんともしがたいものとしてある。しかし遊廓で集団としての客たちは、手にした貨幣によってできることを確かめるかのように、「性愛」を自分の意志で選択可能な対象に変えていくのである。

とはいえかなりの金がかかる遊廓の「遊び」が富裕な商人や武士階級、そして男性の客にかぎられていたことも事実である。体験できる人がそうして限定されることで遊廓は幕藩的秩序からまがりなりにも許容されていたといえるが、しかし後にはそうした限界を超え、より一般的に人びとに開かれた消費の場も姿を現していく。

その良い例になるのが、園芸市場である。一七世紀に始まった園芸ブームもたしかに当初は、庭を備えた家を持つような武士や商人が好む庭木をおもな対象としていた。しかし一八世紀には小さな庭、または路地や狭い室内でさえ育てられる鉢物の小さな植物が、下層の庶民にまで流行していった。縁日で鉢植えを売る園芸屋や、朝顔を担ぎ売る朝顔売が都市の風俗として定着するなど、庶民にも気軽に買える商品として園芸植物はブームになっていくのである。

ただし手軽に買えたという理由からだけで、園芸植物は庶民の日常生活へと根を下ろしたわけではない。重要なことは市場を通してのみならず、採集し、手持ちの植物を繁殖させるなどして愛好家が多様な植物を手に入れていくことである。そのおかげでさほどの金をかけることなく、愛好家は他の誰も持っていない鑑賞物を自分だけのものにすることができた。そうした「私有」の魅力こそ、園芸ブームの根底にあったと考えられる。鉢物の一年草の朝顔などの植物が巨大なブームとなっていったのも、おそらくそれが誰もみたこともない多様な変種を生みやすかったためなのである。

園芸ブームはなお生産機構も雇用も貧弱で、購買力が充分に行き渡っていない一八世紀社会において、こうして多様なモノのなかから自分だけのモノをみいだし愛玩するという楽しみを庶民にまで解放していった。興味深いのは、以上のような現象が日本だけでみられたものではなかったことである。先に触れたマッケンドリックらも注目していたが、一七、一八世紀には西洋でも、園芸植物を中心としたさまざまな植物がブームになり、植物図譜や植物園も流行していった。

日本における園芸の流行も一七、一八世紀におけるこうした西洋の植物への熱狂を土台にしていた部分が大きかった。日本の園芸植物の流行は、新種の輸入や植物図譜の参照など、西洋からの直接的な影響を受けていたのである。

ただし植物に対するあれほど大きな集団的熱狂を説明するためには、商業的な資本のグローバルな展開とそれと比べた場合の産業資本の到達の遅れという、社会の構造により深くかかわる共通の経験のほうが大切になる。西洋では「発見」された新世界からさまざまな植物が運ばれ、たんに薬や産業用の素材としてだけではなく、観察や育成の対象として活発に消費されていった。つまり植物世界は、日本でも西洋でも多様かつ豊饒な「商品」を生む母体になり、なお時代の産業機構がつくりだせない多様かつ安価な商品を消費する機会を充分に購買力がない人びとにまで分け与えていったのである。

†消費は誘惑する

以上、日本における一七世紀の遊廓の成長や、一八世紀の庶民にまで及んだ園芸植物の展開は、産業機構の発達にかならずしも還元されない固有の歴史を消費が持っていることをあきらかにする。大量生産の展開やそれに応じた広告・メディアの氾濫、さらに労働者の富裕化が二〇世紀において消費を拡大する巨大な力になったことは確かである。だがそれとは別に、歴史のさまざまな場で多様な商品に魅了され、消費する経験を積み重ねていた無数の人びとがいたことも知っておく必要がある。市場の展開がなお不充分であったにもかかわらず、あるいは逆にそうだったからこそ、一七、一八世紀の人びとは、多様なモノに目を奪われ、自分の楽しみとしてそれを消費することに熱中していったのである。

こうした消費のすべてが、道徳的に正しいものだったとは当然いえない。遊廓で女性を商品として扱ったことはいうまでもなく、繁殖のために大量の植物を育て、選別し、廃棄していくというふるまいにも命を弄ぶという意味で「残酷」さが含まれていた。

それでもなおそうした追求が、消費の可能性を拡大していったことの積極的な意義は認める必要がある。初めて庶民の水準にまで浸透した貨幣がいかなる力を持っているのかを確かめるように人びとは「性愛」や奇異な姿の植物を自由に消費していく。そうした集団的な経験こそ産業機構の発展の呼び水になっただけではなく、私たちがいまなお多様な消費を続けることを可能にし、そそのかす具体的な根拠になっているのではあるまいか。

たとえば現在の社会では、家庭生活や教育システム、政治システムにおいて個々人の私的な感性や好みを完全に否定することはむずかしい。好きな衣装を身に着け、好きなものを食べ、快適に暮らすことは「消費者」の自由として少なくとも一般的に受け入れられているのである。その背後にあるのは、後ろ指を差されながらも多様な消費をくりかえしてきた無数の人びとの営みの集列である。場合によっては国家や共同体の道徳に逆らい、それゆえ名誉や命さえも危険にさらしながらも、多くの消費がくりかえされてきた。それを直接・間接の前提として、偏りのある欲望を生きることが私たちにはまがりなりにも許容されているのである。

この意味で消費社会を、①資本主義が生む過剰生産を吸収する補完的なシステムや、または、②人びとが生得的にもつとされる欲望や欲求を前提につくられた「自然」の制度に還元してはならない。無数の人びとによって、貨幣や人生の時間、時には自分の命を賭けながらくりかえされてきた無数の消費の実践を不可視の奥行きとして、消費社会はあくまで歴史の波頭に姿を現すのである。

もちろん個々の消費をみれば、それらが往々にして期待はずれの、虚しいものに終わってきたことも事実だろう。後に確認するように、無際限の価値を持つ貨幣を投げ出し、有限のモノに換えるふるまいとしてある以上、消費はつねに悔いや不満足を残すのである。

だが、たとえ虚しい結末に終わるものばかりだったとしても、くりかえされた消費が、私たちの現在の消費活動を支え、正当化し、誘惑してきたことを忘れてはならない。過去に積み重ねられた消費は、それ自体としては何も生むこともなく歴史の闇のなかに消えていった。しかしそうであるからこそ、虚しくかけられた熱量の分だけ、くりかえされた過去の消費は同じように無謀で無意味な消費へ乗りだしてみることを、後の時代の他者たる私たちにつねにすでに誘惑しているのである。

第二章

消費社会のしなやかさ、コミュニケーションとしての消費

1 「賢い」消費

†デフレの到来

以上のように現在の消費社会を、モノの大量生産・大量消費を促す資本主義の完成形態としてではなく、くりかえされた消費がさらなる消費を促す歴史のひとつの断面として捉える必要がある。過去の人びとによる消費の試行錯誤は、私たちが望むこと、なしうることの可能性を支えると同時に限定する条件として、日々の消費がくりひろげられる歴史的な台座をつくりだしているのである。

だからこそ消費社会は、政府の意向や経済状況の短期的な浮き沈みに直接には左右されない強靭《きょうじん》さ、またしなやかさ（レジリエンス）を持っている。たしかに国家が特定の商品を制限する——たとえば近年の中国におけるゲームの制限など——こともあれば、経済条件の悪化によって、消費が短期的に沈滞する場合もある。とはいえ消費の実践を根本からせき止めることはむずかしい。消費は国家の制度や短期的な経済の状況以上に、歴史的な積み重ねによって支えられ、また促されているためである。

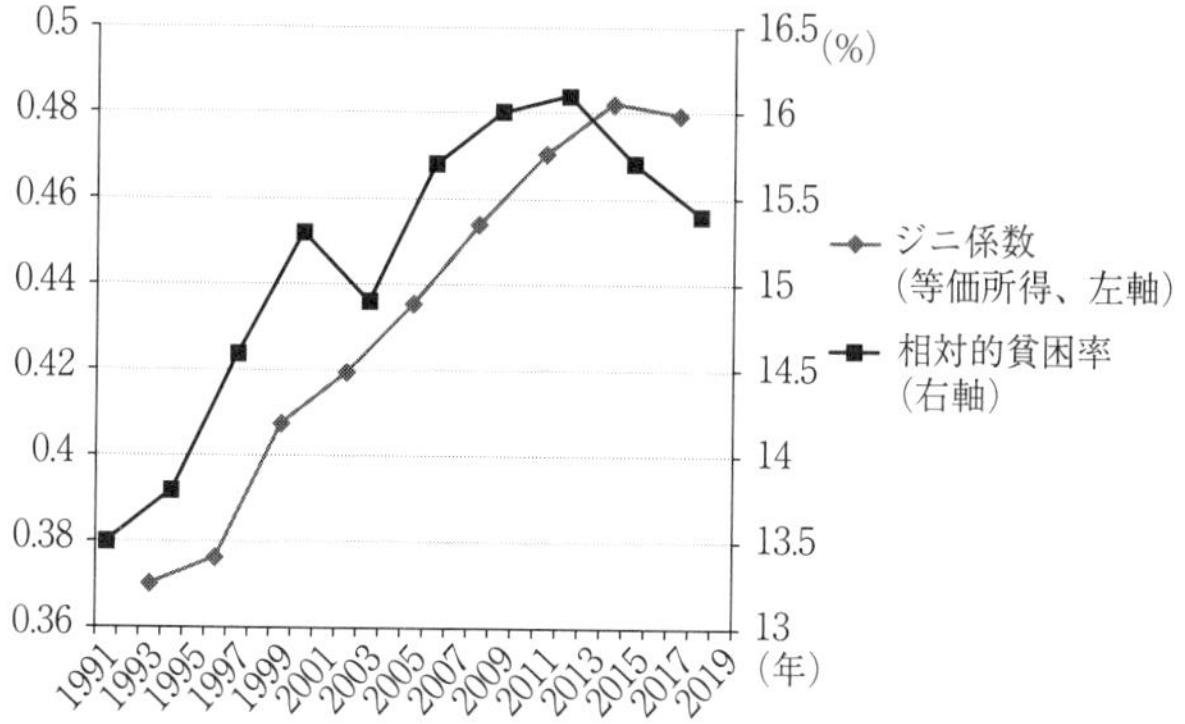

図4　ジニ係数、相対的貧困率（所得再分配調査、国民生活基礎調査より作成）

消費社会のこうしたしなやかさを確認するよい例になるのが、逆説的にも近年の日本経済の停滞である。平成元（一九八九）年の一二月二九日、三万八九一五円をつけた日経平均株価は、それをピークに暴落し始める。平成という時代とほぼ同時に始まったこの経済停滞は、その後、日本社会の重い足かせになった。株価は以降、平成の終わりまでかつての三分の二の水準にさえ回復しなかったのである。

結果として、格差や貧困も増大していった。たとえばジニ係数——一を極値として社会の不平等さの拡大につれ上昇する——をみると、平成のあいだほぼ上がり続けたことがわかる。高齢化が進み、現役世代が減ったこともたしかにその一因だが、だとしても、豊かな世帯とそうではない世帯の差がこの時代に拡がったという事実そのものは否定できない。こうした格差のせいで、貧困も増大した。たとえば全世帯の所得の中央値の半分にみたない世帯の割合を示す「相対的貧困率」をみれば、当初の一三パーセント台から、一六パーセントを超えるまでに増加し、近年は若干下がったもののなお高い水準を保っているのである（図4）。

日本社会はこうして九〇年代から二〇一〇年代にかけて経済格差を拡げ、貧困に苦しむ人の割合を増加させてきた。そのなかで戦後社会を支えてきた構造も大きく揺らぐ。たとえば雇用環境は激変し、非正規雇用が増加した。結果、充分に賃金を支払う職に就きにくくなることを一因として未婚率も上昇し、男性雇用者を中心に家族を営むというこれまでの「常識」もかぎられた者だけに達成できる特権とさえみられ始めているのである。

それに応じて消費も量的には減少をみせている。たとえば消費支出の多さを示す消費水準指数は、バブル崩壊後は低落の一途をたどっている（図5）。二人以上の世帯における消費水準指数は一九九二年に一一二・四で最高値をつけた後、ほぼ一貫して減少し、二〇一六年には九八・四まで下がっている（二〇一五年を一〇〇とする）。興味深いことに、消費の費目によって、下落の幅は異なる。経済停滞のなかで、とくに減ったのが「食料」と「被服及び履物」費で、一九九二年から二〇一八年にかけて前者は一二〇・二から九九・六へ、後者は一九一・一から九三・八まで急減している。バブル期に「余剰」として膨らんだ消

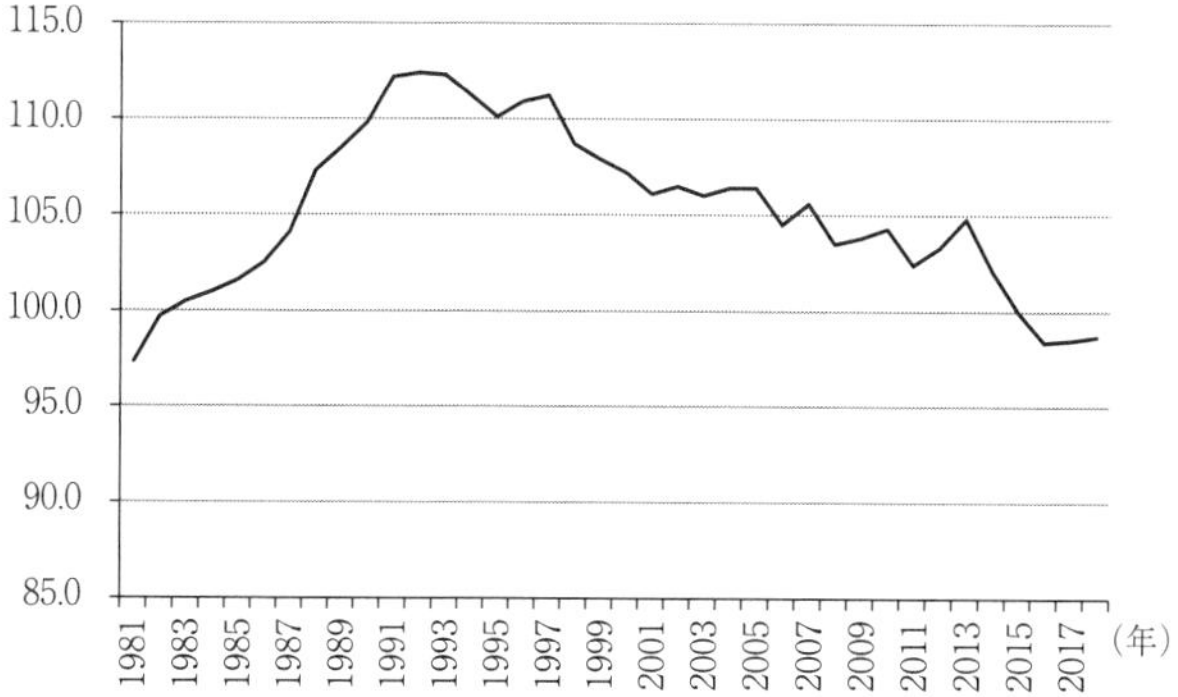

図5　消費水準指数（世帯人員及び世帯主の年齢分布調整済）２人以上の世帯（家計調査より作成）

費の領域は、「貧しさ」の拡大によって一気にしぼんでいったのである。

　こうした変化に伴い、社会を語るモードとしての「消費社会論」も低調になっていった。日本では一九八〇年代から九〇年代初めにかけて経済の好況に支えられ、そもそも「消費社会論」は流行していった。それは資本主義社会の変革を説く左翼的な改革の主張の後退を埋め、現在の社会を肯定していく役割をはたしたのである。より詳しくみれば、当時の「消費社会論」に共通していたのは、①すでに商品が大量に、そして飽和するまで生み出されており、②それを踏まえ商品の機能や趣味の多様化が始まっているとする見方である。それが、（a）大衆が「分衆」または「小衆」として水平方向に分裂した結果か、[1]はたまた（b）上下にあらたに階層化が進んだ結果なのかについ

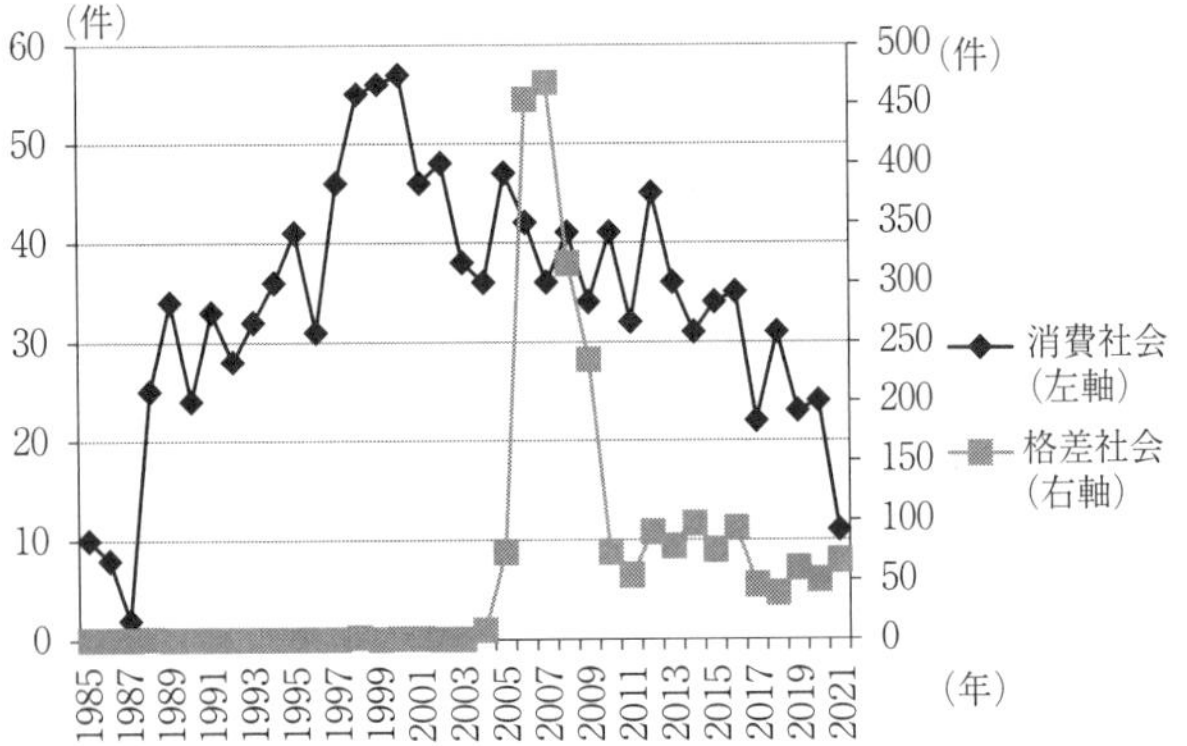

図6　「消費社会」「格差社会」の新聞記事登場回数
（全国、見出しと本文、聞蔵Ⅱより作成）

ては、たしかに議論が分かれたが[2]、少数者のためにあらたな選択が生まれたこと自体は、「感性」を高め、「柔らかい個人主義」を生むものなどとして基本的に肯定的に受け入れられていったのである[3]。

その意味で「消費社会論」は経済好況下にあった社会の現実を肯定する言説として流行していったといえる。だがだからこそ日本経済が停滞するにつれ、その語りは下火となっていった。実際、朝日新聞の記事のタイトルや本文で「消費社会」という言葉が登場した件数をみると、二〇〇〇年前後をピークに減少している（図6）。

代わりに人気を集めたのが、「格差社会論」という語りだった。山田昌弘『希望格差社会――「負け組」の絶望感が日本を引き裂く』（筑摩書房、二〇〇四年）や橘木俊詔『格差社会――何が

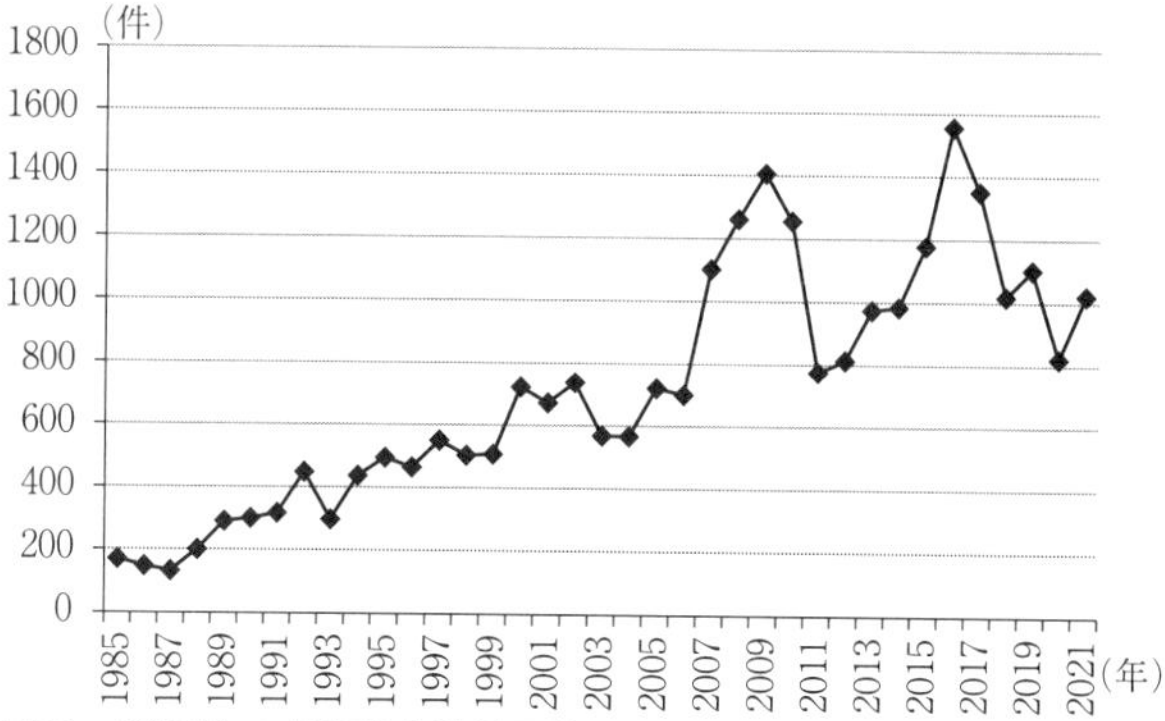

図7　「貧困」の新聞記事登場回数
(全国、見出しと本文、聞蔵Ⅱより作成)

問題なのか』(岩波書店、二〇〇六年)の出版をきっかけに、豊かな者とそうでない者とのあいだに断絶が拡がっていることを示唆する「格差社会」という言葉が、二〇〇六年に流行語のトップテンに入るなど大きなブームになっていく(図6)。その流行は比較的早く去ったが、それは廃れたというよりも、より下層の人びとの困難な状況を問題化する「貧困」の語りへと呑み込まれていったとみられる(図7)。「格差」以前に、そもそも消費に満足に参加しがたい人びとがいることが、働いても充分に稼げないワーキングプアや、家族を世話するヤングケアラーといった問題を代表としてくりかえし語られていくのである。

こうした「格差社会論」や「貧困社会論」の流行のなかで八〇年代から九〇年代初めにかけ

て称賛された多様化は、社会の階層的な分断を示すものとしてむしろ批判の対象となっていく。それを受け「消費社会論」も変質していった。「はじめに」で触れたように、既存の消費の状況が否定すべきものとしてみられるとともに、それを超えようとする「第四の消費」やエシカルな消費などより目的性を持った消費が讃《たた》えられるようになっていく。「消費社会論」の低迷を背景として、消費は現状の社会のあり方を変える社会変革的な面を持つ活動として救い出されようとされてきたのである。

†デフレのゲーム

この意味では、現在を「ポスト消費社会」と呼ぶこともたしかにまちがいではない[4]。かつての「消費社会論」が根拠としていたバブル的な経済下とはあきらかに異なる状況が、少なくとも語りの場では展開されているからである。

ただし他方で語りの変化と、社会の変化はそのまま一致するわけではない。「はじめに」でも確認したように、そもそも批判的な「消費社会論」の登場は、逆に消費社会の継続を証拠立てていた可能性が高い。批判的な語りは、消費社会のガス抜きをしつつそれを延命するモードとして働いたのであり、その意味で語りの流行が逆説的にもあきらかにするのは、消費社会のむしろ拡大とさえいえる。たとえば現在「貧困」が取り上げられる際も、生計を維持しがたい絶対的な窮乏ではなく、他の人に比べ充分に消費がおこなえない「相対的貧困」が問題化される場合が多い。消費を楽しみとしておこなえないことが窮状《きゅうじょう》として社会に訴えかけられるという状況は、裏を返せば誰もが奪われるべきではない「権利」として消費が社会にしっかりと根付いていることをむしろあきらかにするのである。

　この意味では「消費社会論」の変質を安易に消費社会の変化と重ねるのではなく、そうした語りの変容の背後で、消費社会が具体的にどのように動いてきたのかをより慎重に確かめていく必要がある。そもそも経済的な収入の差の拡大そのものが、消費社会の稼働にいつでもマイナスに働くとはいえない。たとえばボードリヤールは、消費のゲームを活性化するという意味で、消費社会はむしろつねに格差を必要とすると述べていた。消費を差異をめぐるコミュニケーションとしてみるなら、それは当然ともいえる。男女差や年齢、学歴、地域差など、消費のなかで伝えられる差異のなかでも、経済的差はしばしば重要な関心事を占め、その意味で格差の拡大は消費というコミュニケーションを活発化しこそすれ、妨害するとはいえないからである。

　もちろん格差の拡大に伴う貧困の増大が、消費社会の継続に悪い影響をまったく及ぼさないわけではない。経済的差異が消費のゲームの重要なエンジンになるとしても、それは多くの者が消費に参加可能な場合にかぎられる。実際、第四章でみるように貧困の拡大は、近年、消費社会の存続を脅かす根本的な危機としてたしかに浮上しているのである。

とはいえ九〇年代以降の経済の停滞が、総体として消費への関心の低下を導いたかどうかは、それとは切り離して検討すべき問題である。たしかに先に消費水準指数から確認したように、世帯あたりで消費のために支払う金額の総量はバブル崩壊以降減少した。しかし同時にこうした変化にそれを打ち消す逆方向の現象が伴っていたことも見逃せない。

それがデフレという現象である。記憶している者も多いだろうが、経済の衰退のなかで、九〇年代なかば以降、価格の切り下げ競争が多くの分野で始まった。マクドナルドが二〇〇〇年にハンバーガーを六五円に値下げし、翌年、吉野家が牛丼の価格を四〇〇円から二八〇円に下げるなど、外食産業でまず価格競争が目立った。それと並行し、ユニクロが二〇〇〇年代に店舗数を急増させ、続いてH&MやFOREVER 21といった海外チェーン店の進出がみられるなど、安価なファストファッションも定着していったのである。

それらを代表として、物価の連鎖的な下落や停滞がその時代には続いていく。実際、消費物価指数をみれば、一九九〇年代には上昇にかげりがみられ、一九九八年以降は下降に転じている（図8）。財（≒モノ）とサービス（≒コト）に分けるならば、とくに財の低下が九〇年代前半より目立っており、つまりモノが安価になることで消費が容易になったことが――「モノ消費からコト消費へ」というよくある図式に反して――確認されるのである。

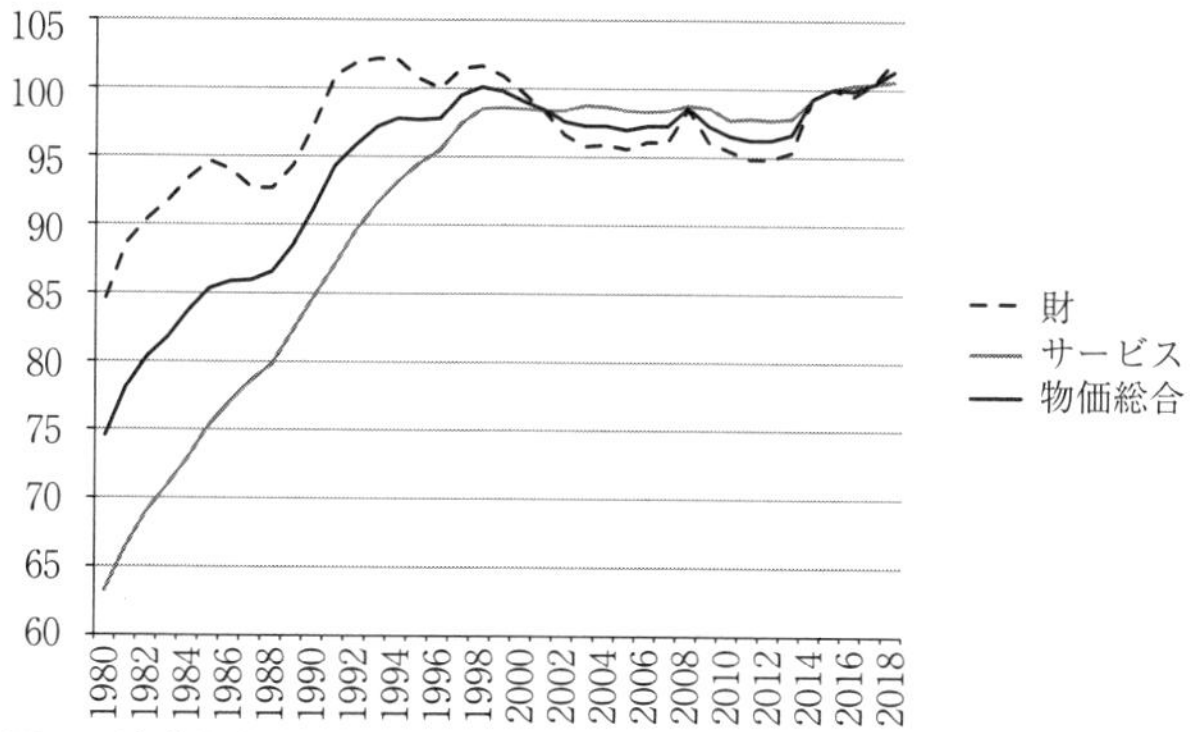

図8　消費物価指数（消費物価指数より作成）

景気の悪化によって物価の低下は基本的には引き起こされたといえるが、他方でそれが所得の減った人びとを少なからず助けたことも見逃せない。収入の低下は、先にみたように量的にはたしかに消費支出の減少を導く。ただし同程度に、消費活動を停滞させるとはいえない。使えるお金の減少は、商品の価格の下落によって打ち消されるからであり、たとえば先にみたように食費と被服費においてて消費総額はその時期とくに減少したが、それはファッション産業では「衣料」全般、食料に関してはとくに「ハンバーガー」や「牛丼」などの格安なチェーン店が食事の価格を下げることによって、少なくとも部分的には代償されてきたのである（図9）。

こうした状況はより一般的には、消費物価指数（≒商品の価格）を消費水準指数（≒購買力）で割った数値から確かめられる（図10）。この数値は、物価を考慮に入れた消費の困難さを表現するものといえるが、まず全体的にみれば、たしかにおよそ四〇年のあいだに数値が大きく上昇していることが確認される。これは総体として消費の状況が厳しくなったことを大きくは表現しており、バブル崩壊以降消費支出の量が年々減ったことにおもに左右されている。ただし興味深いのは、九〇年代末から二〇一〇年代初めの約一五年という比較的長期のあいだ、グラフがほぼ水平に保たれていること（九八年〇・九二一に対し二〇一三年も〇・九二二）である。同時期に消費支出は減り続けた（前掲図5）が、物価の減少がそれを補うことでグラフは停滞していると考えられる。つまり物価のさらなる低下とほぼ釣り合うことで、この時期、消費の量的減退は償われていったのである[5]。

†一〇〇円ショップの楽しみ

一九九〇年代末から二〇一〇年代初めにかけて、物価の下落が購買力の減退を代償する。こうした現象の中心にあったのが、モノを安価に売るデフレ的ショップの興隆であり、なかでも一〇〇円ショップの人気である。

一〇〇円ショップは一九九〇年代後半に一気に成長を始め、たとえば一九九六年に三二二億円だったダイソーを運営する大創産業の売上は、二〇〇〇年には二〇二〇億円まで急

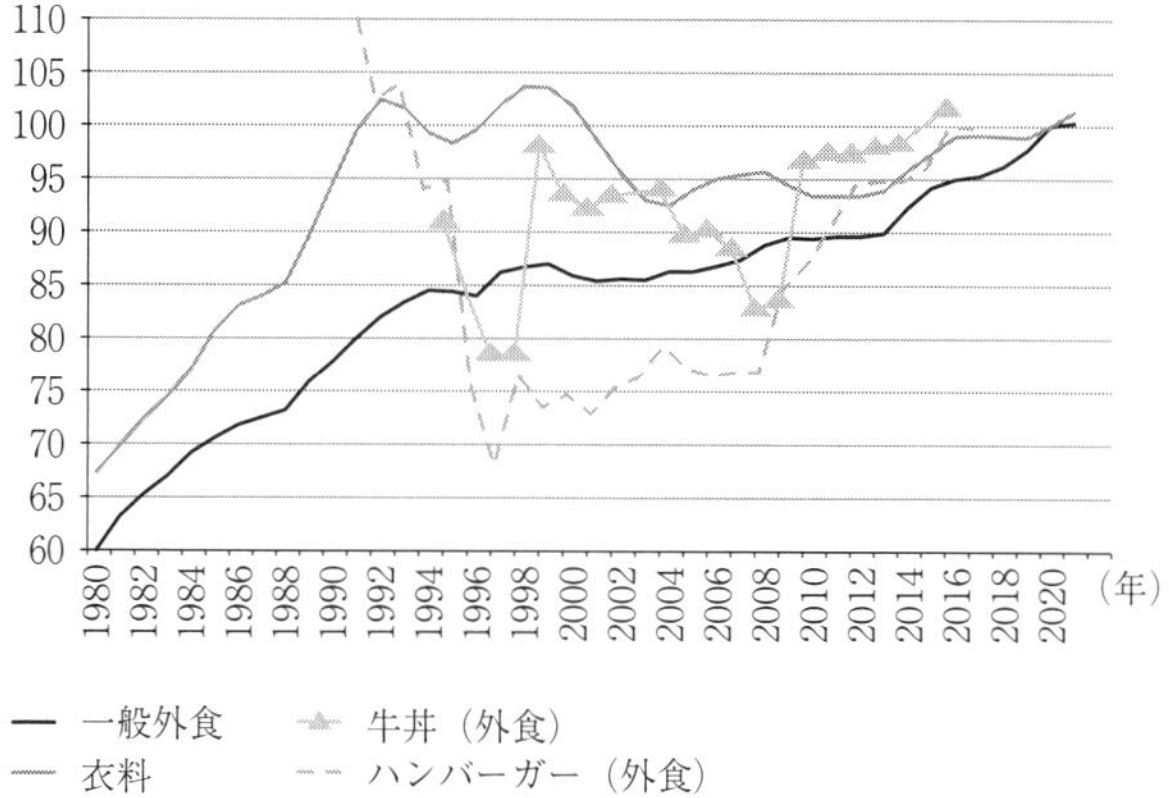

図9　消費物価指数（消費物価指数より作成）

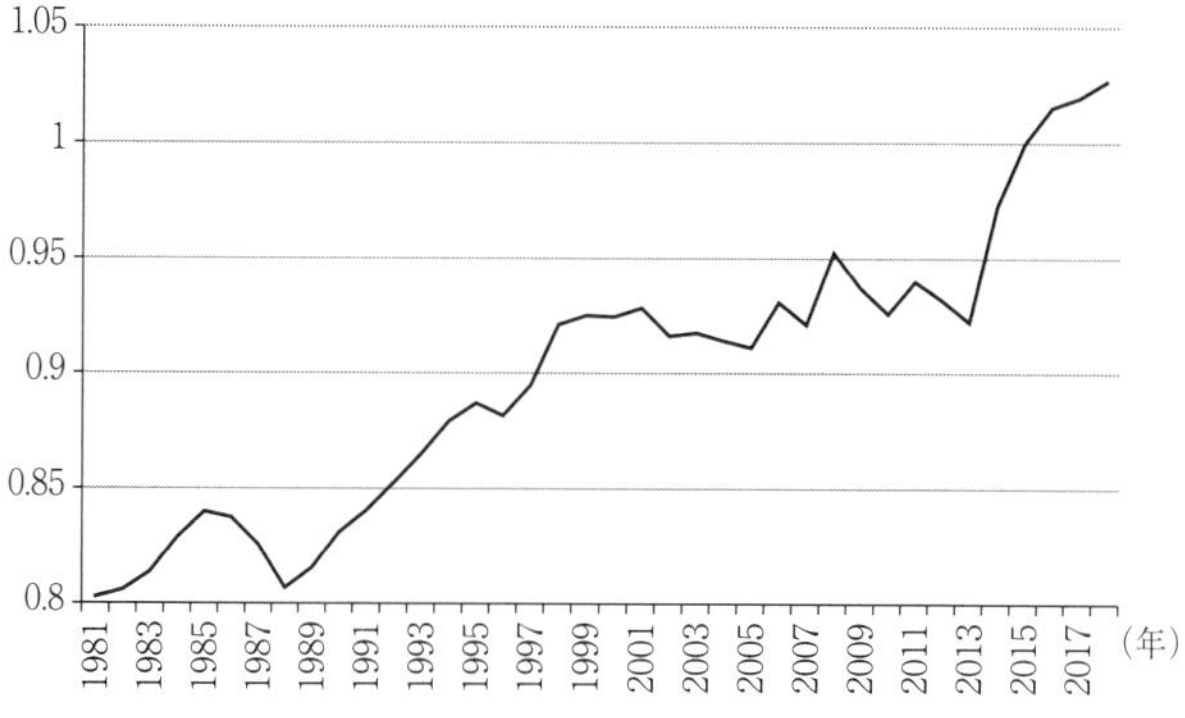

図10　消費物価指数／消費水準指数（消費物価指数、家計調査より作成）

成長した。同期間にキャンドゥは三一億円から二〇七・三億円、セリアは四〇・六億円から二〇四億円までと、軒並み六倍前後売上を増加させている。[6] 一〇〇円ショップはそうして九〇年代後半に急成長し、スーパーやコンビニ、ドラッグストアに並び、バブル崩壊後の日本人が日常的な商品を購買する欠かせない店舗として定着したのである。

もちろんそれ以前にも、安値定額で食器や文具などを売る店がなかったわけではない。水原紹《たすく》によれば、江戸時代にも十九文均一で商品を売った「十九文見世」があったといい、また大正から昭和初期にかけては、より直接的な先祖としての一〇銭ストアや、百貨店の売り場のなかで一〇銭均一コーナーが一般化する。[7] さらに戦後には、トラックで各地を回りB級品を低価格で売りつけるいわゆる「バッタ屋」が多数出現し、繁盛していった。一九七七年に開業したダイソーがそうだったように、少なくとも初期の一〇〇円ショップの多くはそれら安値で売る店を母体としてつくられていったのである。

ただし一〇〇円ショップには、そうした「バッタ屋」にはない特徴もみられた。一〇〇円ショップは、①一〇〇円という安価な値で統一することで販売しやすく、また買いやすくしたことに加え、②質の高い商品を多数、品揃えすることに力を注いでいった。たとえばダイソーの創業者矢野博丈は、「商品の原価率をあげると同時に、他店よりも二倍、三倍の商品を並べ」ることで、ダイソーは他の移動販売との差別化に成功したと説明してい

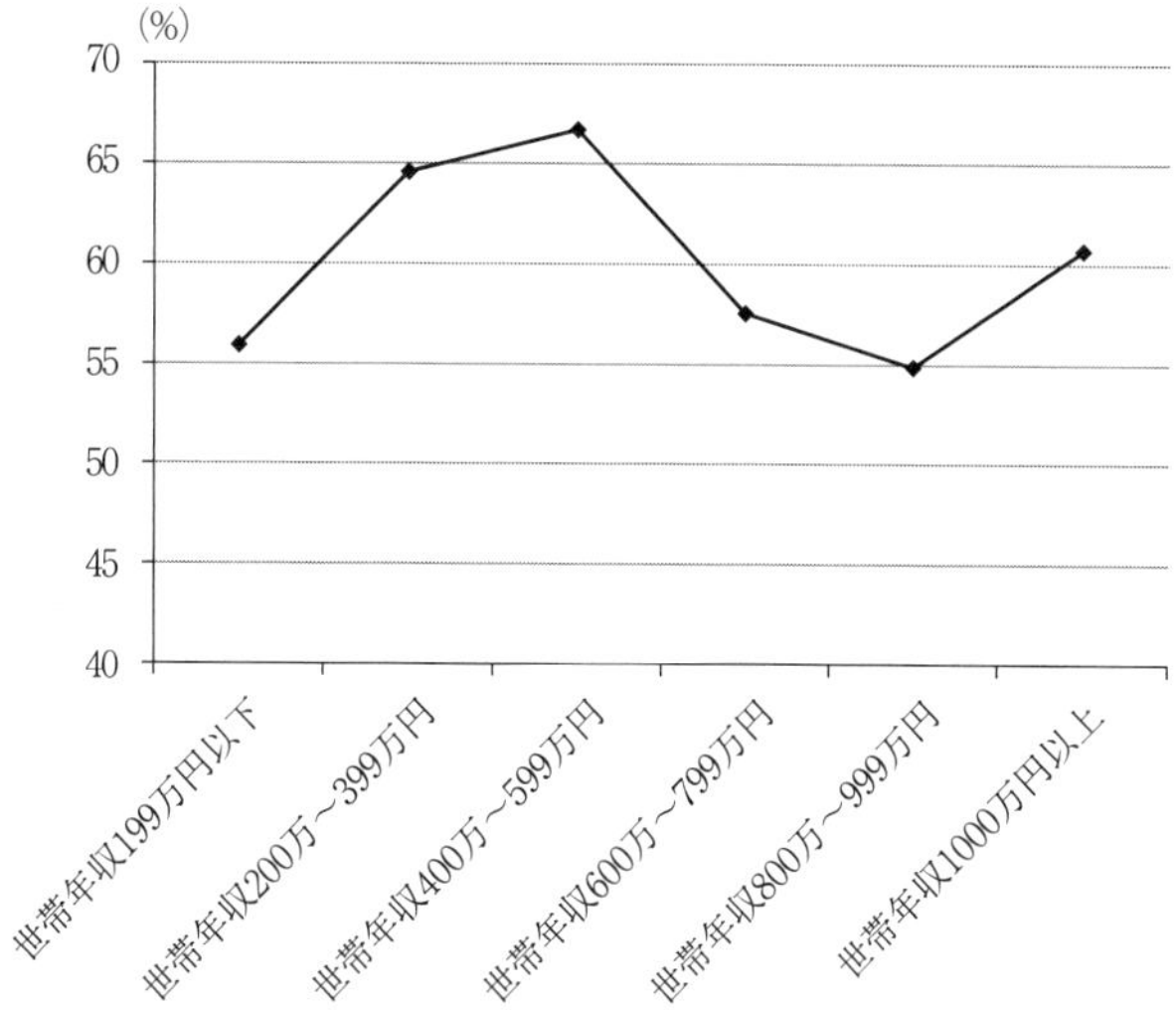

図11　世帯年収別「100円ショップによく行く」割合

る。[8]「安かろう悪かろう」ではなく、できるだけ原価の高い高品質の商品を仕入れ、それを多品種、並べて売ることが、ダイソーの急成長の原動力になったというのである。

一〇〇円ショップはそうしてたんに商品を安く売るだけではなく、消費者が安心して、また楽しんで買い物ができる環境を整えていった。だからこそ貧困層に限定されない多様な客を取り込むことにも成功した。

筆者の調査でも、一〇〇円ショップは低所得者層ばかりに利用されているわけではない。「一〇〇円ショップによく行く者」は世帯年収二〇〇万〜五九九万円でたしかに多い一方で、世帯年収一〇〇〇万円以上でも再び増加してくる（図11）[9]。富裕層の取り込みは、生活実感とのかかわりにおいても確認される。「くらし向きは良いほうだ」と考える者ほど、むしろ「一〇〇円ショップによく行」っている傾向がみられるのである（図12）。

ではなぜ貧しい者だけではなく、比較的豊かで生活に余裕がある者も、一〇〇円ショップに通っているのだろうか。注目されるのは同じ調査で、「自分は賢く買い物ができる」という設問に対して肯定的に答える者が、一〇〇円ショップをよく利用していることである（図13）。ここでの「賢く」という言葉が、①価格が安いモノを買うことと、②質が良いモノを買うことのどちらとしてアンケート対象者に受け取られたかは、残念ながら調査からはあきらかではない。ただし両者の意味は、そもそも切り離せないともいえる。ロンドンのある通りでの住人の買い物行動を調査した文化人類学者のダニエル・ミラーは、購買活動は通常、価格と質、どちらがだめでも、うまくいったとはみなされないと述べている[10]。むしろ両者のバランスが取れる、ちょうどよい商品をみつけることこそ買い物の成否を定めるのであり、それができたときに「賢く」買えたことになるというのである。

値段と質の両者のあいだでこうしてバランスを取る「賢い」買い物を可能にする恰好の舞台に一〇〇円ショップはなったといえる。ダイソーの創業者の矢野博丈が主張していたように、一〇〇円ショップは、その値段から勘案すれば質がよい商品を多数販売していく。

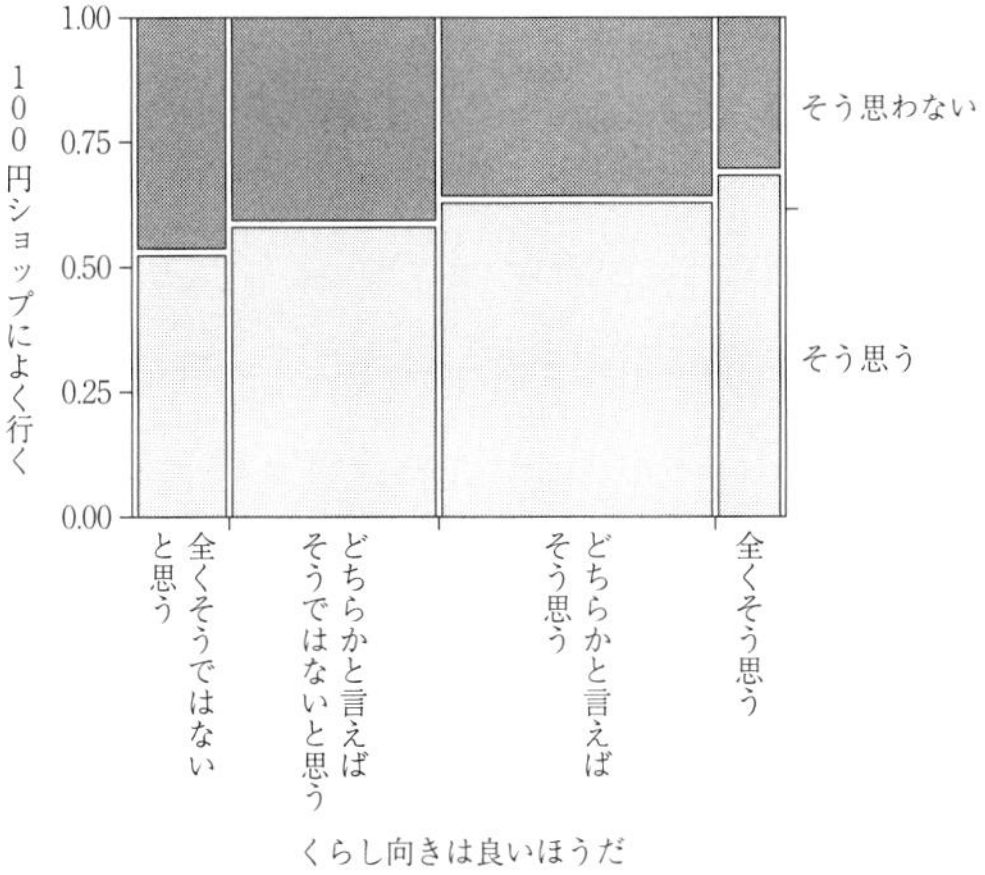

図12 「くらし向きが良いほうだ」と「100円ショップによく行く」者のクロス

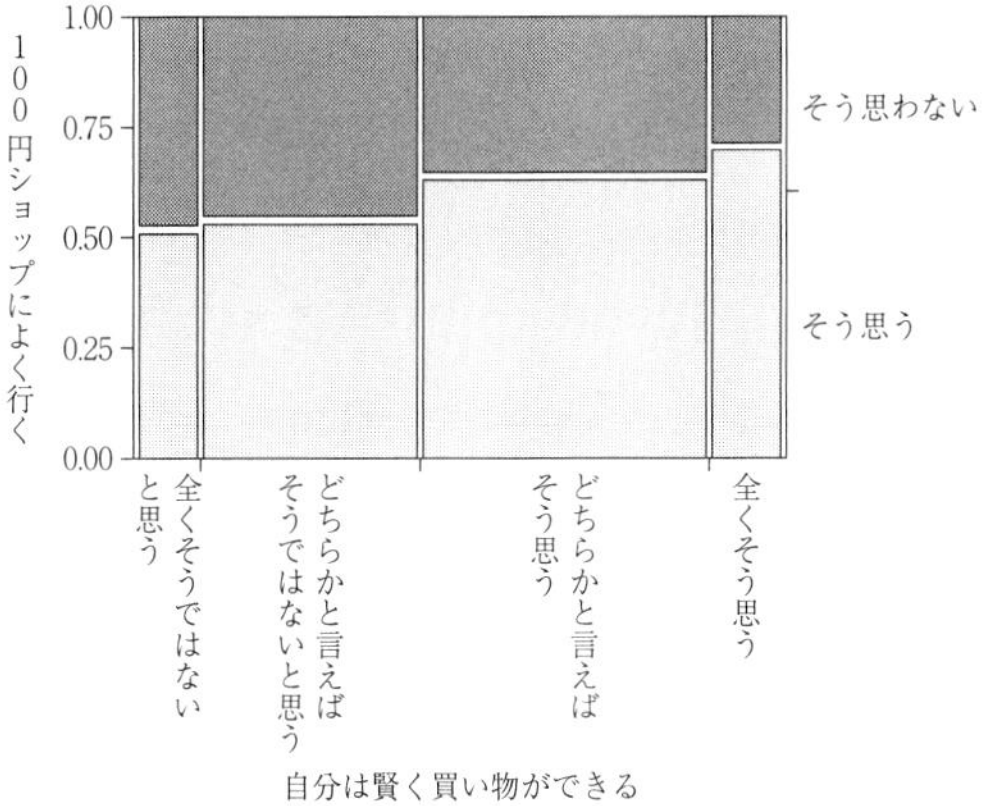

図13 「自分は賢く買い物できる」と「100円ショップによく行く」者のクロス

おかげで客は詐欺的行為にあうのではないかと恐れることなく、自分の好みにあった商品を心ゆくまで探して買えるようになった。一定の質がその店のバイヤーによって保証されていることに加え、一〇〇円ショップではその安価さゆえに、失敗しても大した損失を被ることなく何度でも買い物をやり直すことができるからである。

この意味では、一〇〇円ショップが売っているのは、あれやこれやのモノとばかりはいえない。そもそも一〇〇円ショップでなくとも、安い商品やより質の良い商品をみつけることは不可能ではない。それに対して一〇〇円ショップの魅力は、「安さ」と「質の良さ」の両者のあいだでバランスをとって「賢く」買い物できることにあるのではないか。ときに「宝探し」と形容されることもあるが、数多くの商品のなかから、質がよくさらに値段もリーズナブルな掘り出しモノをみつけるというゲームを一〇〇円ショップで客は楽しむことができる。そうしてそのゲームを上手くやり遂げる満足感そのものが、一〇〇円ショップの何よりも「売り」になっているのである。

そしてだからこそ、貧困層のみならず、富裕層も一〇〇円ショップをしばしば日常的に利用していると考えられる。「賢く」買うことの満足感は、多くのお金を支払えばかならず手に入れられるものではない。多く払えば払うほど、割に合わない買い物をするリスクも高まるためだが、それに対して一〇〇円ショップは「賢い」消費を気安く、また安心して経験させてくれる場として、階層を超え日本社会にすっかり定着しているのである。

†ブランドものを買う

この意味で一〇〇円ショップの爆発的な展開は、日本では経済停滞のなかでも、あるいはだからこそいっそう「賢く」買うことを目指す消費のゲームが急成長していったことをあきらかにする。

もちろん一〇〇円ショップだけがその時期、流行したわけではない。その傍らでさまざまな店や商品がブームになったが、なかでも一〇〇円ショップの流行に共通する要素を持つのが、一見正反対の現象にみえるかもしれないが、高価なブランド品の流行である[11]。九〇年代の一〇〇円ショップの興隆とほぼ同時期にルイ・ヴィトンやグッチを代表とするブランドのバックや衣服がよく売れていった。たとえばルイ・ヴィトンジャパンは一九九〇年に三五三億円だった売上を、一九九七年には七〇〇億円を超えるまで伸ばしていく[12]。それを代表として、たしかに伸びは緩やかになったとはいえ、九〇年代後半のデフレの只中でも高価なブランドファッションは着実に成長を遂げていったのである。

その成長をおもに支えたのが、若者のあいだでのブランド品の財布やバッグの流行だった。たとえば九〇年代に黄金期を迎えた雑誌『JJ』は、ハイブランドの特集を次々と組み、鈴木涼美《すずみ》によれば、「ブランド消費の主役の座を完全に若い女性たちにすげ替えた」[13]。『JJ』は私立大学に通うような余裕のある若年女子をおもな読者層としていたが、ルイ・ヴィトンを代表とするブランドは、デフレのさなかにおいてもそうした若年の読者にまで顧客を拡げていったのである。

ではなぜブランド品が人気になったのか。不況が始まったばかりの時期は、『JJ』を愛読するような階層の若者にはなお余裕があったためかもしれない。だがそれだけではなく、デフレ傾向下で安価な商品が大量にあふれるなかで、ブランド品が買うべき商品としての価値をむしろ高めていったことにも注意を払う必要がある。ブランド品とは、他に代用が効かないと認められた商品であり、そのため安価な代替品やコピー品が出回ることで逆説的にもその価値は高められていくのである。

そしてだからこそブランド品を買うことは、「賢い」消費とみなされる。先にみたように、できるだけ安価でオトクな商品を手に入れることはたしかに「賢く」買えたという満足感を生むが、それだけがゲームの勝利条件になるのではない。「安物買い」が「銭失い」につながれば元も子もないように、ある程度の金をかけ、品質の良い商品を買うことも一方では合理的な戦略となる。実際、図14をみれば、「自分は賢く買い物ができる」と思っている人ほど、一〇〇円ショップの場合と比べ数は少なくなるがよりはっきりと、ブ

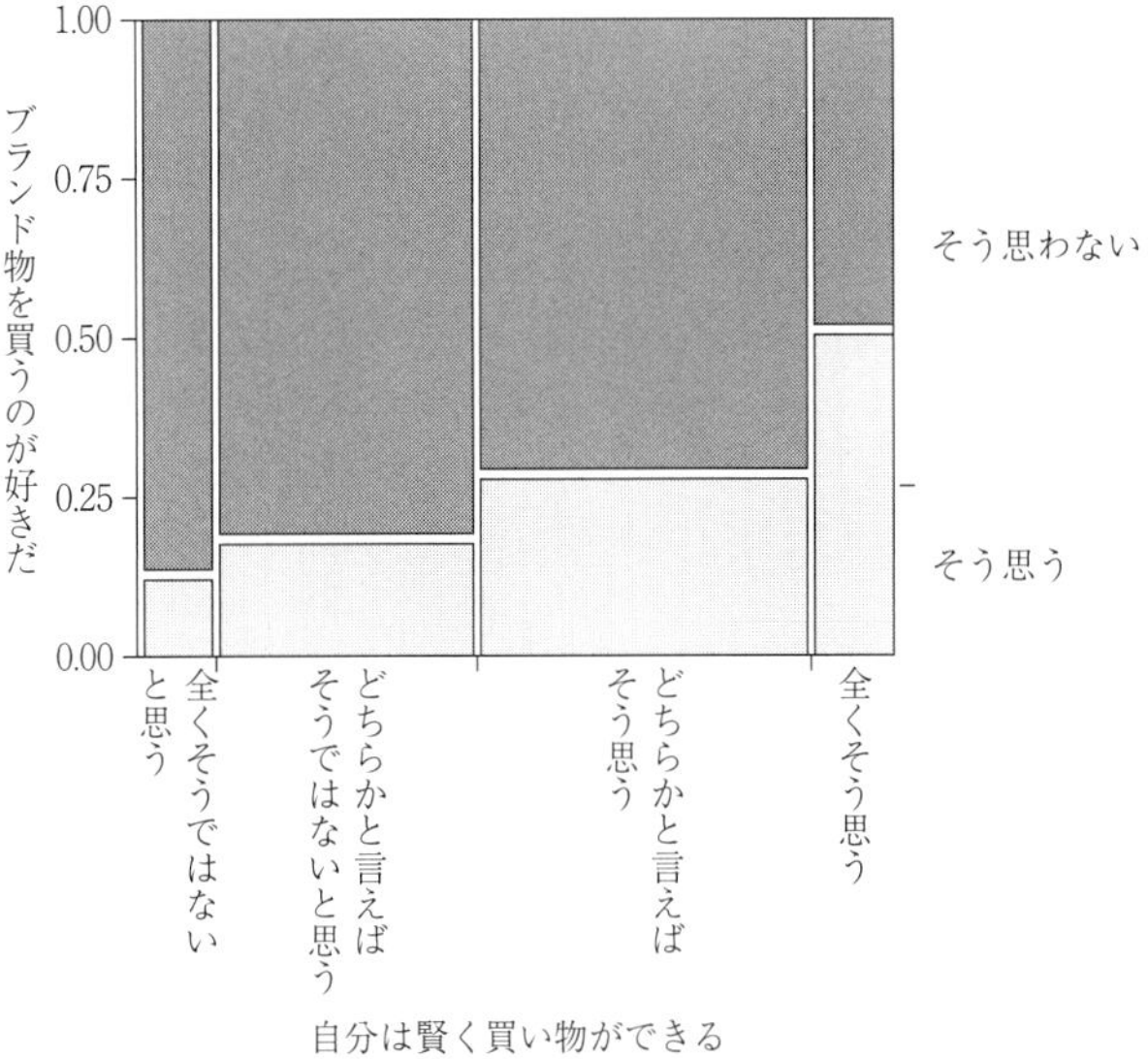

図14 「自分は賢く買い物できる」と「ブランド物を買うのが好きだ」者のクロス

ランド品を買うのが好きだということがわかる。自分の趣味やセンスを表現するだけではなく、自分が安物買いで銭を失わない「賢い」消費者であることを示すために、ブランド品の購買はよい機会になるのである。

そうした買うべきブランド品の代表として、高級ファッションブランドはデフレのなかでも人びとを魅了していったと考えられる。たとえば二〇〇〇年に放映されたドラマ『ブランド』(フジテレビ系)で、クリスチャン・ディオールを模したとみられるブランドの日本法人で働く今井美樹が演じる主人公は、「馬鹿高いものよく買いますよね、みんな」という若い男からの問いかけに、以下のように答えている。

高いバッグにはそれなりに意味があるの。ああいうバッグだけど、それぞれに素晴らしい革を使っているの。それを腕のいい職人たちが技術のかぎりを尽くしてつくるの。だから傷みにくいし、型崩れもしないし。要するに値段のことだけはあるの。それがブランドなの。長い長い間、時間をかけて守られた職人たちの知恵と技術の集積。要するにブランドとは文化そのものなのよ。(『ブランド』第一回、田渕久美子脚本)

この言明がどこまで「正しい」ものなのかどうかは、たしかに疑える。同等の情熱や技術が注ぎ込まれつくられた商品が他にもあるにもかかわらず、なぜ高価なブランド品をわざわざ買わなければならないのかは、それだけでは説明されないためである。だが語りの内容の真偽とは別に、こうした語りそのものがブランドに金をつぎ込むアリバイとなっていることとそのものは否定しがたい。特別の歴史とそれに付随する価値を持つと信憑《しんぴょう》されたその商品は、多くの購買経験を持たない若年層を中心に、「賢い」消費を容易に実現させてくれる便利なアイテムになったのである。

この意味では、一〇〇円ショップで安い商品を買い続ける（筆者のような）消費者と、ブランド物を争って買った若年層を中心とした消費者のあいだに、みかけほどの距離があるわけではない。たしかに主観的には両者は「価値のわからない者」「信者」などとして、ときとしてたがいに侮蔑《ぶべつ》しあっている。一〇〇円ショップでしか買わない者にはブランド品ばかり買う者は金の価値をしらない「浪費家」に、逆にブランド品愛好者にはそうでない者はモノの価値を知らない「吝嗇家《りんしょくか》」に映るはずなのである。

だとしても一歩離れてみれば、両者がともに「賢明」な消費者であろうとしていることに変わりはない。金をかけない／かけるという正反対の戦略をとりながらも、何とか他人を出し抜き、何かしらの点で優れた商品を手に入れようとするゲームを両者はともに続けているといえるからである。

だとすれば九〇年代後半に、一〇〇円ショップとブランドショップが並行してブームを呼んでいったことも、たんに偶然とはいえない。九〇年代後半以後の経済停滞は、使える金の総量を減らすことで、買い物をたしかに困難にしていった。買う前に客には一定の吟味や、自他に対する言い訳が必要になるからである。

実際、私たちの調査でも、「買い物をすることがめんどくさいと思うことがある」という問いに、「全くそう思う」「どちらかといえばそう思う」と答えた者は五八・三パーセン

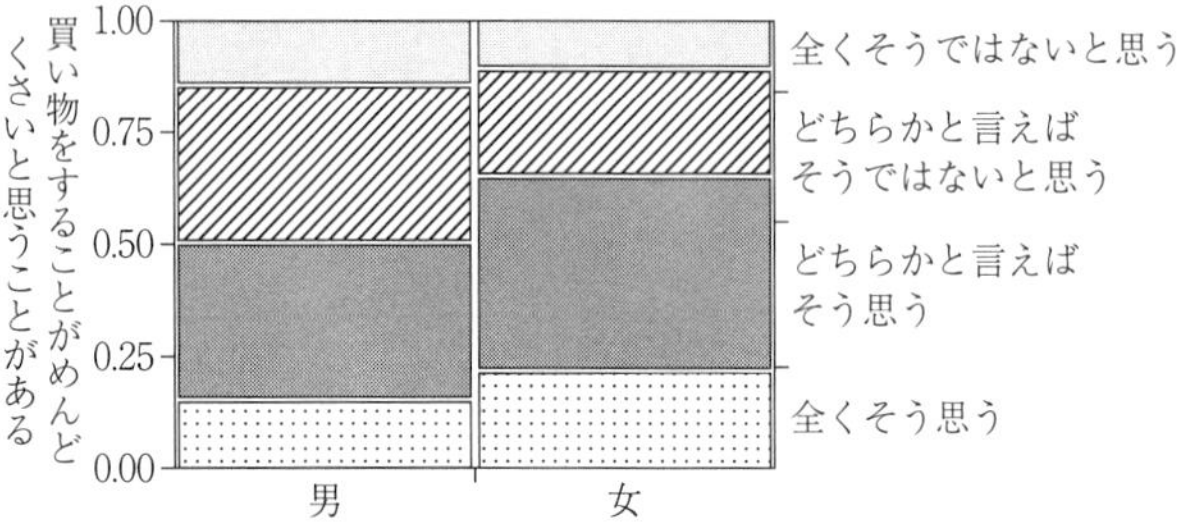

図15　買い物に対する男女比

トで全体の六割近くにのぼっている。興味深いことに、男女別にみるとその数字は、女性で六五・七パーセントとなり、男性の五〇・八パーセントと比べ一パーセント水準で有意に高くなっている（図15）。さらに女性既婚者にかぎれば、買い物を面倒と思う者は、六九・八パーセントとほぼ七割に達してしまう。このことは日常的な買い物を「家事」として割り当てられることが多い女性にとって、買い物が楽しみという以上に、失敗してはならない試練としてあることをよく教えてくれる。経済停滞によって総量としての購買力が減少したことに加え、ますます市場が多様化するなかで、買い物は、とくに女性にとって家族や友人に自分の「愚かさ」を晒す危険な機会となっているのである。

だからこそ一〇〇円ショップの雑多なモノやブランド品は、女性たちを中心に多くの人に買われていったのではないか。一〇〇円ショップでは安くてお得だから、逆にブランド品店では高いからこそ安心して買い物することができる。両者は逆の方向からだが、消費者が「賢く」買い物をしていることをそれぞれ保証してくれるのであり、それゆえ「賢さ」を競うゲームの恰好の対象として、一〇〇円ショップの商品やブランド品は売上を伸ばしていったのである。

2 情報の海

†情報化社会における消費

以上のように一〇〇円ショップで売られるモノやブランド品は、九〇年代という困難な局面でも消費を活発に続けていくことを後押しする力になった。経済停滞によって購買力が総体として不足し、ますます慎重に吟味して消費することが求められるようになるなかで、一〇〇円ショップやブランド品店は、「賢い」消費を安心して楽しめる場所として受け入れられていったのである。

それをひとつの支えとして、消費社会は継続してきた。九〇年代以降、他の多くの国がそれなりの経済成長を続け、消費を活発化させていったのに対し、日本社会は経済的に困難な状況に陥る。にもかかわらず、一〇〇円ショップのモノやブランド品を対象としたデフレ的な消費のゲームが流行していくことで、日本において消費社会はむしろ厚みを増していったのである。

ただし消費社会の存続は、そうした「賢い」消費のブームだけによって支えられていたわけではなかった。消費社会の継続に関し、同様に重要になるのが、情報的コミュニケーションの膨大な拡がりである。

みてきたようにデフレ下の日本ではとくにモノ的商品の価格面での多様化が進んだが、世界的にみれば商品の安価化という面でより大きな意味を担ったのは、情報商品の増大だった。情報技術の革新は、情報商品の複製と流通のコストを加速度的に下げる。それを前提として、データの複製、流通にほとんどコストのかからない情報の場がグローバルに拡がっていくのである。

そのおかげで、たとえば安価にサービスを利用する道も開かれていった。実際、いまではさほどの金をかけずに動画や音楽を楽しみ、Ｚｏｏｍのセミナーに参加できる。企業もそうしたサービスを利用することで、たとえばコロナ禍のなかで出張費を大幅に削減できたといわれている。ネットの爆発的拡大は、さまざまな分野で価格を下げる圧力として働き、その分、経済停滞のなかでも消費に「豊か」な選択肢を付け加えてきたのである。

商品の価格が下がっただけではない。ネットの膨張にかんしてさらに重要になるのは、クリス・アンダーソンが「フリーミアム」という名で強調したように[14]、ほとんど金を使う必要なく利用可能なサービスさえ一般化していったことである。二年で集積回路の能力が二倍になるとされる「ムーアの法則」に結果的に従うかたちで、情報テクノロジーは累乗的に発達し、情報を保存し、流通させるコストを著しく下げてきた。それを前提に、ユーチューブやスポティファイ（Spotify）などのコンテンツや、Gmailやフェイスブック（Facebook）など、少なくとも基本無料で使うことのできるコミュニケーションツールが現代では飛躍的に増加をみせているのである。

価格がないという意味では、たしかにこうしたサービスは厳密には「商品」と呼べないのかもしれない。だとしても、それらは消費社会と無関係に成立しているわけではない。「ただより高いものはない」といわれるが、それらは「広告」や「課金」といったかたちで、どこかの他者の旺盛な消費を前提として初めて供給されており、つまり消費社会的システムを土台としてあくまで生産され消費されているのである。

そうしてシステムとしての消費社会に従属する契機となっているという意味で、無料のサービスの利用も限界的には「消費」と呼びうるのかもしれないが、それに加えてさらに重要になるのが、それらネットのサービスがその傍らで積み重ねられる多様な消費のゲームを補い成立していることである。それらのサービスは、拡大する格差のせいで通常の商

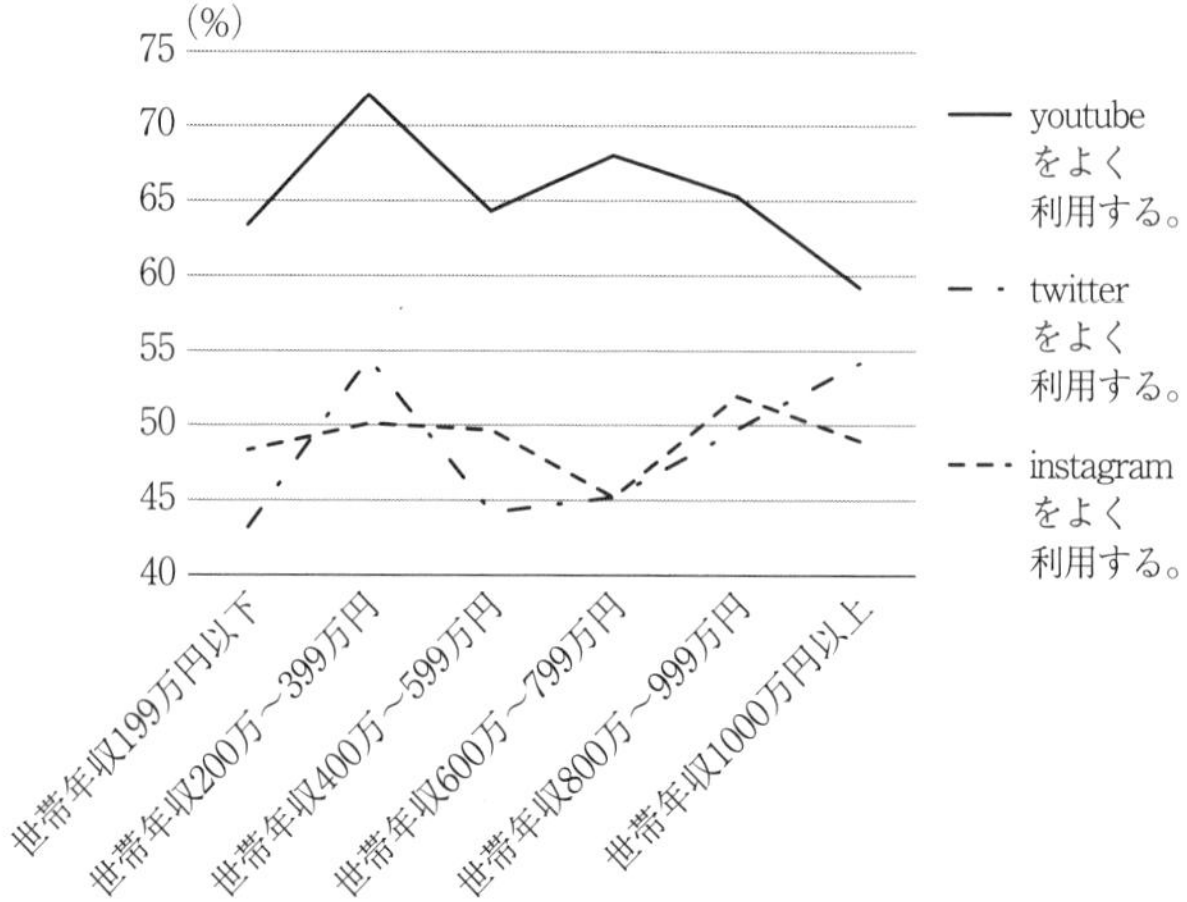

図16　ネットサービスをよく利用する者

品を満足に消費できない人びとにしばしば利用されている。たとえば私たちの調査でも、ユーチューブをよく利用する者をみると、世帯年収が低い者（ただし実家暮らしの者を除く）がむしろ相対的に多くなっている（図16[15]）。ツイッター（Twitter）やインスタグラム（Instagram）ではそこまでの傾向がみられないことからすべてに通用する話ではないが、ともあれ少なくとも一部のネットサービスは、購買力をあまり持たず、他のサービスを利用できない人びとに対して代わりに安価またはフリーで楽しみをあたえる便利な機会になっているのである。

　以上の意味で膨張した情報の海は、階層や格差を超え、多くの人びとに消費の楽しみを供与する重要な「資源」になっている。そうした場であたらしいコンテンツや情報を素早くみつけ、場合によっては気の利いたコメントを返し、または黙って楽しむこと。ネットのサービスは、つまり充分な購買力を持たない人でも、自分の「賢さ」を他者に表現することのできる恰好の機会を提供してきたのである。

†過激化、極端化、封鎖

ただし消費の代替としてみれば、そこでのコミュニケーションに限界がなかったわけではない。なかでも大きな問題は、逆説的にもこのゲームが誰にでも参加できるものとして平等に開かれていることである。自分だけが見つけたと思うコンテンツや情報もすぐに他者に発見され、その特別性をすぐに失なってしまう。この膨大な情報の海では、他者に差をつけ、「賢さ」を表現することはなかなかむずかしいことなのである。

そのなかで他者と差をつけるための戦略としてとられているのが、ひとつに過激化という方法である。誰もが無視するような情報をとりあげ、真実として告発すること。他人に差をつけるという意味では、主張はできるだけ合理性を外れた、突拍子のないものである方が良い。だからこそネットの空間では、政治に関して右翼的または左翼的な、また近年ではワクチンやマスクにかかわる極端な意見が目立つといえる。過激な主張の氾濫《はんらん》はある意味では、情報消費の場が膨張し他者とのちがいを際立たせることがむずかしくなっていることの必然的な帰結なのである。

他方、別の仕方で他者を切り離す方法もある。膨大な情報空間のなかで、ある種の領域に限定し、その知識を深めること。そうすれば、自分がとくに大切だと思う何かについてならば他の人以上によく知ることができる。

こうした極端化の戦略は、情報入手のために金銭以上に時間的なコストを多大に掛ける道といえるが、それがよくみられるのが、たとえばいわゆる「推《お》し」活動においてである。アイドルや俳優など生身の人間だけではなく、架空のキャラクターやさらに特定の商品やお店までが近年では「推し」の対象になっている。多くのお金がその対象のために費やされるとしても、その多寡《たか》が「推す」ことの価値を直接左右するわけではない。それ以上に重要になるのはそれぞれの人の熱意、つまりはどれだけ自分を投げ出し、具体的にはどれだけ時間を使って、対象のことを調べ、かかわりを持とうとしたかである。情報だけであればタダ同然で手に入るこの社会では、こうしたコストこそ他者に先んじる力になる。その意味で「推し」とは、タダのようにあふれる無数のコンテンツのなかから何かを選択し、それに全身全霊をかけることで、自分が何であるかを表現しようとするコミュニケーションのひとつの戦略なのだといえる。

最後に、膨大に開かれていくこの情報空間に再度価格をつけ、一部の者だけにそれを封鎖しようとする試みもある。その最新バージョンが、NFT（Non-Fungible Token）と呼ばれるあらたな商品化の試みである。暗号技術によってネットで場合によってはタダで手に入るような画像や音楽に再び所有権を認定し、取引の対象にすることで、情報空間をもう一度、一部の人だけに閉じられた、より稀少な「価値」の空間に戻すことが狙われているのである。

ただし現在までのところ、NFTは一般的に成功しているとはいいがたい。無料で手に入る情報を「私有物」として取引することで、うまくすれば漠大な利益を上げられるかもしれない。ただそれを超えた「何か」を得られるかどうかはなお証明されていない。NFTは、（自分よりも愚かな）誰か別の引き取り手が現れて、より高値で買ってくれることを期待したあくまで投機の対象にとどまっており、つまりここでの情報は、多かれ少なかれ特別な、それゆえ支払ったコスト以上の価値がある「賢い」消費の対象とはなおみなされていないのである。

†選択を選択する

以上、問題はあるとしても、現代社会にはコミュニケーションの遊び場としての膨大な情報の海が拡がっている。人はそこでほとんどお金をかけずに、コンテンツやサービスを気ままに選択している。つまり情報の海は、デフレ下にあった日本社会において誰もが遊べるなかば「擬似」的な消費の場としての役割をはたしてきたのである。

ただしこうした情報の場は、端的に巨大な自由を私たちに許しているわけでもない。そもそも多くの企業がフリーのサービスを提供しているのは、私たちがおこなう選択の結果をより高次の情報として収集することを通して利益を得ようとしてのことである。そうした仕組みをショシャナ・ズボフは、「監視資本主義」と呼び批判する[16]。ズボフによれば、グーグルやフェイスブックを代表とするデジタル大企業は、検索機能や投稿、動画視聴などのサービスを無料で提供する代わりに、「行動剰余」と呼ばれる私たちの選択にかかわるデータを収集している。そのデータを、ターゲット広告を中心とした行動予測のために利用することによってデジタル企業は巨万の富を稼ぐとともに、私たちの未来を予測可能な範囲に囲い込んでしまっているとズボフは批判するのである。

こうした見方はたしかにまちがいとはいえない。デジタル企業が先回りして、私たちが気に入るような情報を提供してくれるのは、ときに不気味であり、さらに近年ではそれが国家と癒着し、「信用スコア」というかたちで日常生活を縛ることもたとえば中国などでは現実化している。とはいえ、ただ強制的に私たちはそうしたサービスを利用しているわけではない。ユーチューブやアマゾンのレコメンド機能がときに便利であるように、私たちはデジタル企業が提供するサービスを普通は好んで活用している。その意味ではここにはたんに強制ではなくむしろ共犯関係をみるべきだろう。

ではなぜ私たちはデジタル企業のサービスをあえて利用しているのだろうか。その根本的な原因には、膨大な情報を含め、無数の商品やサービスを次々と生み出す消費社会の巨大な拡がりがある。消費社会が提供する数多くの商品や情報を個人の知識や経験だけで「賢く」選択することはむずかしい。対象を吟味するためには時間的、労力的コストがかかるが、供給される商品が無際限であれば、そのコストも無際限のものに膨れあがってしまうためである。

だからこそデジタル企業のサービスが必要とされる。それはプログラミングや機械学習の技法を用いて膨大なデータを参照しつつ、私たちの代わりに「賢い」選択、あるいは少なくともそのための準備をしてくれる。いまではネットの世界でそうしたサービスに頼らずに情報を収集することは不可能に近い。検索サービスを代表としてそうしたサービスを適切に活用していかなければ、私たちは膨大な情報の海をただ さまようばかりとなってしまうのである。

この意味で私たちがデジタル企業のサービスを利用している背景として、消費社会の日々の稼働を見落とせない。無数の情報やモノを送り出すこの消費社会のなかで、気楽に、そして他者と少なくとも同程度に「賢く」生きるためにこそ、私たちはデジタル企業と共犯関係を結ばざるをえなくなっているのである。

そうしたサービスが私たちの自由を奪っていることは、たしかに事実として重く受け止める必要がある。たとえば私たちは、システムのフィルターを通した選択肢しか選べない、いわゆる「エコーチェンバー（音響室）」と呼ばれる牢獄《ろうごく》のなかに囚われているとしばしば批判されている。この場合の最大の問題は、選択肢がいかなる計算やアルゴリズムによって決められているのか、完全にはわからないことである。デジタル企業が提供するサービスに何らかの作為が働いていたとしてもそれを完全にあきらかにすることはむずかしい。たとえばあるグルメサイトについて、星の数が投稿によらず操作されているのではないかという疑念が囁《ささや》かれたことがあった。しかし、ではいかなる操作がなされているのかは充分には判明しないまま、他のサービスより利便性が高いという理由で、多くの人はそのサービスを黙って利用し続けているのである。

†サブスクリプションの出現

こうした状況のなかで、現在注目されているのが、サブスクリプションというサービスの形態である。ネットフリックス（Netflix）やスポティファイでのように映像・音楽「情報」以外にも、家具やホテル、シェア自転車やクルマなどを一定期間自由に使用する権利など、定期的にいくらかの金を払うことで、商品を受け取ったり、使用する権利を得るビジネスモデルが近年注目を集めている。

こうしたサブスクリプションを支えるのは、多くの場合、たしかに他のサービス同様に、「行動剰余」を利用した機械的なキュレーションである。選択可能な商品が無際限に提示されることは稀で、何をいかに利用するかがあらかじめ限定されたうえで選択が促される。加えてそうした選択の際の金銭的コストが等閑視できることもサブスクリプションの特徴である。何を選んでも追加のコストがかからないという意味では、機械によるあらかじめの選択を慎重に再検討することさえ、ここでは必要とされないのである。

ただし選択を容易にしたことだけではなく、サブスクリプションにおいてより重要になるのは、こうした「機械的な選択」そのものが選択可能になっていること、すなわち「選択の選択」の権利が消費者にあくまで留保されていることである。そのサービスが提示する選択肢に不満が残れば、利用者は別のサブスクリプションに乗り換えればよく、そうして機械による勝手な選択に対して歯止めがかけられているのである。

この意味で現在のサブスクリプションの人気は、ブラックボックスのままに情報を選別するデジタルサービスとの共犯関係に多くの人が不安と不満を感じていることのよい証拠となる。広大なネットの海で、適切な情報や商品を得るために、私たちは何らかのデジタルサービスに依存しなければならない。しかし得体の知れないサービスに身を委ねることには不安が残る。だからこそ未来の選択が知らぬまに他者によって決定されることがないように歯止めをかける装置として、サブスクリプションは利用されているのである。

この意味ではネットとサブスクリプションの関係は市場それ自体に対するリアル店舗の関係によく似ている。サブスクリプションが、広大な情報の海から選ぶべき情報を限定してくれるのと同様に、リアル店舗は大量に送り出される商品のなかから選択可能なものへと商品の数を選別し、私たちに選択の権利を（少なくとも擬似的に）回復させてくれる。もちろんその選別の意図や趣味が気に入らない場合もあるが、その際は店に行くのをやめ、別の店を使うことにすればよい。こうした意味でリアル店舗は、課金の必要のない——会員費が必要なコストコなどの店もあるが——サブスクリプション的サービスを提供しているのである。

とはいえ「選択の選択」によってすべてが解決されるわけではない。ひとつにネットフリックスやスポティファイがそうだが、サービスの寡占《かせん》化が進み、そのサービス内にコンテンツが集積されるならば、実質的にそのサービスを選択しないことは不可能になってしまうからである。他方で逆に多様なサブスクリプションサービスが林立すれば、この場合も「選択の選択」は困難になる。どのサブスクリプションサービスを選び、金を払うかどうかを吟味するために、今度は多くのコストがかかるようになるからである。

以上、サブスクリプションサービスはたしかに完全な解答にはならないが、それでもそうしたサービスに期待がかけられていることは、九〇年代以降、情報空間がこの社会に開いてきた情報消費の場がいかに広大なものだったのかをよく教えてくれる。情報消費の場は充分な金を持たない人びとにも選択の機会を分け与えてきた。監視資本主義的なリスクも大きく、または趣味嗜好の「過激」化や「極端」化という現象もみられる。しかしそうした問題にもかかわらず、ネットには現実を補う多様な選択の場が拡がっており、だからこそ私たちはそれを捨て去ることができないのである。

3　廃棄の技術

†「片づけの魔法」と分身としてのモノ

九〇年代以降、こうして日本社会では経済不況にもかかわらず、安価、さらには無料の

「商品」さえ登場することで、リアルにもバーチャルにも消費の機会が拡大してきた。

ただしそれは同時に課題も生む。たやすく手に入れられる商品や情報が増えていけば、「賢く」買うために充分に吟味することはむずかしくなる。選択に必要となるコストが増大するからだが、そのためにいかに厳選して買うかだけではなく、買ったモノをいかに効率よく「整理」し「廃棄」していくかが課題となる。似たようなモノ、また必要なくなったモノを持ち続けていても、結局は無駄になる。だとすれば購買活動そのものが間違ったものではなかったことを証明するために、モノを効率よく「整理」し「廃棄」していくことが必要になるのである。

それを実現するために、ここでもデジタル技術が活用されている。一例として近年、多様なモノを売るだけではなく、買ったあとのモノを効率的に「処分」することを助けてくれるオークションサイトが人気を博している。たとえば二〇一三年にスタートしたメルカリは、二〇一四年までに累計五〇〇万、二〇一五年には一七〇〇万、二〇一七年には五五〇〇万ダウンロードを記録するなど、二〇一〇年代なかば以降に一気に普及した[17]。それまでのオークションサイトを代表していたヤフオク以上に、メルカリは簡単にまた安心して商品を購買・売却できるサービスを用意し、そのおかげで買い物に苦痛を覚えることの多い女性を中心として普及していったのである。

それを代表にオークションサイトは、効率的な「廃棄」を可能とすることで、買い物の省力化にたしかに一定程度役立ったはずである。とはいえオークションサイトは、「廃棄」の労を完全に省いてくれるわけではない。相応の手間がかかるという意味で、買った商品のすべてを出品することは現実的ではない。何を使い続け、何を売るのかという選択は今のところ人力で下すしかないからである。

だからこそデジタル技術（テクノロジー）だけではなく、モノの処理をより円滑に進めるアナログな技法（テクネー）にも注目が寄せられている。なかでも大きなブームになったのが、二〇一〇年代における近藤麻理恵（こんまり）の「片づけの魔法」である。(18) こんまりは、モノがあり余るこの社会では、片づけをおこなうことが円滑に日常生活を営む上で必須であるとして、そのための技法を教え、世界的な注目を集めたのである。

もちろん適切な「片づけ」を促したのは、こんまりが最初ではなかった。辰巳渚『「捨てる！」技術』（宝島社、二〇〇〇年）や、やましたひでこの『新・片づけ術 断捨離』（マガジンハウス、二〇〇九年）などの片づけ指南の書がそれに先行していたが、それらに共通していたのはモノを大量に生み出す消費社会を受け入れ、擁護する姿勢をみせていたことである。たとえば辰巳はその著で、「モノの消耗のスピードをはるかに超えてものが増殖し、私たちの暮らし」が「モノであふれるようになっ」たことを問題として指摘しつつも、

「買うこと＝モノを増やすことをやめてしまうのは、あまりにさみし」く、買い物を減らしても「楽しく暮らせるとは思えない[19]」からこそ、「捨てる技術」が必要になると述べている。

こうした姿勢は、なおバブルの残り香《が》の漂う一九九二年に流行した中野孝次の『清貧の思想』（草思社、一九九二年）が表明していた態度と比べると正反対のものといえる。中野はそこで、「物は豊かになった。EC圏のどの国に劣らぬくらい市場に物はあふれてい」ると認めながらも、「物の生産がいくらゆたかになっても」「生活の幸福とは必ずしも結びつかない[20]」として、大量生産・大量消費を否定し、モノを持たずに幸せに暮らした先人たちの心意気を称賛していたのである。

膨らみゆく消費社会に敵対的な姿勢をみせることで『清貧の思想』は注目を集めたわけだが、二〇〇〇年代以降の片づけの指南書では以上のような態度は薄れ、あくまでモノを大量に受け入れながらも、それを処理していくための現実的な技法を編み出すことがより大きな課題となっていく。たとえばやましたひでこは、「モノが勝手にやってくる社会」で暮らしている以上、モノが家のなかにあふれていることは私たちの「責任」ではないとなぐさめる[21]。しかしだからこそ快適に生きようとするならばモノを努力して捨てる必要がでてくるというのであり、そのためにやましたはヨガの「断行」「捨行」「離行」から着想を得て、「モノの片づけをとおして自分を知り、心の混沌を整理して人生を快適にする技術」として「断捨離」を説くのである。[22]

†モノに対する執着

こうした先行する技法を受け継ぎつつ、近藤麻理恵が「片づけの魔法」でさらに付け加えたのは、何を捨てるかではなく、むしろ何を残すのかについての関心である。可能なかぎりモノを処分し、大事なものを残すという結果だけをみれば、たしかに「断捨離」とこんまりの「片づけの魔法」はよく似ている。だがこんまり自身の説明によれば、「断捨離」ではモノに対するこだわりをいかに捨てていくかが重視されるのに対し、「片づけの魔法」ではむしろモノに対する執着こそが大切になる。[23] こだわりがあって初めてどのモノを残すか決められるというのであり、そうした執着を自覚するためにこんまりは片づけに際して、「一つひとつ手にとって、触れてみること」を通じて、「持っていて心がときめくか」[24]どうかを判断するという、トレードマークにもなった儀礼も奨励しているのである。

この意味でこんまりメソッドの中心にあるのは、モノに対するこだわり、それもときには合理性を超え、神秘的な傾向さえみせるこだわりといえる。ここでのモノの価値は、役に立つか（＝使用価値または有用性）や、貨幣的な価値があるか（＝交換価値）によっては判断されない。そもそも考えてみれば、市場に安価な商品が充実しているデフレ下の状況では、機能性があり役に立つ商品であればあるほど、その代わりとなる商品を手に入れることも容易なはずである。

その代わりに「片づけの魔法」では市場、つまりはどこかの誰かの判断を超えた、あくまで自分にとっての価値が大切とされる。モノへのこだわりはここでは罪悪視されたり、否定されたりしない。市場価値は高くとも執着を引き起こさないモノが家に残されていることのほうがむしろ問題とされるのであり、そうしたモノを捨て、ときめきを与えてくれるモノだけで家を満たすことがこんまりの目標となるのである。

この意味で機能性や交換価値を超えた、モノに対するいわばフェティッシュな愛着を擁護することが、こんまりメソッドの核心にあるといえる。だからこそこんまりメソッドはたんに片づけの指南には終わらず、片づけを通してモノの魅力を「再発見」し、その過程で自分がどんな人間であるか知るための技法にも通じていた。「片づけ」は、たんに無駄なモノを捨てる技法にも、モノを便利な場所に収納する生活の技術にもとどまらない。片づけは他者の判断に頼らず、「モノを通して自分と対話」[25]し、自分を知るための自己啓発的機会としてある。この際、捨てられる無数のモノにさえ特別の意味が割り当てられる。それらのモノは自分が何でないかを教えてくれたという意味で逆説的にも役立ったのであり、だから捨てる場合にも「私に合わないタイプの服を教えてくれて、ありがとう[26]」といった感謝の言葉をかけなければならないとされるのである。

以上、こんまりの片づけメソッドは、消費社会が促す大量生産・大量消費をあくまで前提として、魅力的なモノを選び、手に入れるための技法としてあり、その意味で「清貧の思想」だけではなく、「捨てる！」技術や「断捨離」とも一定のちがいがあったといえる。たしかに安価にモノがあふれる現代社会では、本当に大切と思える商品を「賢く」(≠コスパよく) 手に入れることはむずかしい。しかしたとえ購入時にそれができなくても気に病む必要はない。まずはモノを気軽に買って、次にそれを捨てようとしてみれば、それが「ときめく」もの (≠「賢い」買い物) だったかどうかは事後的に確かめられるとこんまりは説くのである。

†ミニマリスト的ライフスタイルとの類似点

こうして消費と大量消費の市場を肯定しつつ、モノへの愛着を主張したという点で、こんまりの「片づけの魔法」は、それに少し遅れて現れたミニマリスト的ライフスタイルとむしろ似た部分を持っていた。ミニマリストの火付け役となった著書『ぼくたちに、もうモノは必要ない。――断捨離からミニマリストへ』(ワニブックス、二〇一五年) のなかで佐々木典士《ふみお》は、ミニマリストを「本当に自分に必要なモノがわかっている人」(27)と定義している。つまりミニマリストとは消費に敵対し、モノに憎悪を燃やす者ではなく、できるだけ厳選し、気に入ったモノだけを周囲に留めようとする者なのであり、だからこそその生活は、現代の消費社会の機構によって支えられている。実際、佐々木は、ミニマリストが生まれてきた条件のひとつとして、「モノを持たないで済む、モノとサービスの発展」(28)を挙げている。ミニマリストがモノを所持しなくて済むのは、市場にモノがあふれ、それを好きなときに買えるからである。必要があれば市場でその都度買えばよいからこそ、ミニマリストは手元に残すモノを最小限に絞ることができるのである。

現代の消費社会を肯定し、そこで生まれるモノに対する愛着を隠そうとしないという点で、ミニマリストとこんまりの志向はよく似ている。ちがいがあるとすれば、①こんまりの片づけに心惹かれるような人はモノを買う前に自分が好きなものが何かよくわかっていないのに対し、ミニマリストはあらかじめ自分に必要なモノを知っている（と信じている）ことである。それを支えるのは、ひとつには金の力である。豊かな者は必要になればいつでも市場で買えばよく、それゆえ気になったモノを片っ端から買わなければならないとは考えない。対して相対的に貧しい者は、いつ買えなくなるかわからない以上、気に入った商品があればその都度買っておいたほうがよいのである。

たとえば日本文学研究者の前田愛も、「貧しさがもの
の欠乏状態であるという私たちの常識」を否定し、明治の貧民窟にモノがあふれていたことを強調していた[29]。その状況はいまなお変わらない。消費社会の貧者が一〇〇円ショップなどでモノを買い込み、貯め、場合によっては家を「ゴミ屋敷」にしているのに対し、スティーブ・ジョブズのような超富裕層は、モノをできるだけ持たず、精選された服だけを着る生活を送っている。豊かな者がモノを最小限にまで減らせるのに対し、豊かでない者は、いつ買えなくなるかわからないために商品を買い込まなければならず、まただからこそこんまりが説くような「片づけの魔法」を必要とするのである。

付け加えるならば、貧富の差だけではなく、②ミニマリスト的暮らし方が一人で生きるときこそ有効なストイックな技法であるのに対し、こんまりメソッドでは他の誰かとともに暮らすことがしばしば前提とされている点でも異なっている。一人で暮らしているのであればあらかじめモノを選別し、それ以外は持たないと決めることは、さほどむずかしいことではない。自分が嫌いなモノは単純に買わなければよいからである。

他方、ライフステージや性別、趣味を異にする他者とともに暮らし、それぞれが私的な消費を許されている場合には、モノの選別は途端に困難になる。家に集まる各自の好みのモノを、たとえ無用とみえても勝手に処分することはむずかしいためである[30]。

こんまりの「片づけの魔法」がこれほどまでに、そしてグローバルにもてはやされたのも、私たちの生活をそれぞれ私的なものにまで分解する消費社会の遠心力がますます大きくなっているからといえる。消費社会は多様な商品を送り出し、個々人にそれを好きに買うように促すことで、ともに暮らすことさえむずかしくしてしまう。二〇二一年にヒットした映画『花束みたいな恋をした』(土井裕泰監督)は、その状況を具体的な細部とともによく描き出していた。映画では、同じ本や映画、ゲームや音楽、芸人が好きだったがゆえにむすびついた恋人たちの幸福な生活が映し出される。しかし大量にモノがあふれる社会をそれぞれの仕方で生きようとしていくなかで、二人の趣味も変わっていく。そうしたモードの変化と消費社会の遠心力に耐えることができず、二人の生活はついに崩壊してしまうのである。

こうした悲劇はどこにでもみられるものと思われるが、だからこそ家族を再生する契機として片づけに期待が寄せられる。片づけを通して、モノを厳選し、それによって自分が何を大切にする者であるのかをあらためてさらけ出すことで、運が良ければ、同居人同士でお互いをあらためて認め合うことができるのではないか。二〇一九年よりネットフリックスで放送された『KonMari〜人生がときめく片づけの魔法〜』(原題 Tidying Up with Marie Kondo)では、そうした希望が番組の大きなテーマになっていた。番組では、さまざまな問題を抱える家族が登場し、片づけを通して何に「ときめく（spark joy）」かに気づくことで、自分や同居人がどういう人間であるかをあらためて知っていく過程が映し出される。多様なモノを大量に生み出すことで他人と一緒に暮らすことをますます困難にしていく消費社会に抵抗し、片づけを通した家族の再生の物語をみせたからこそ、この番組はグローバルな人気を集めたのである。

もちろん番組が映し出すのは、うまくいった例にすぎない。片づけを通して、他者が決定的に受け入れられないことがあきらかになる場合のほうが実際には多かったとさえ考えられる。その場合、別々に暮らし、それぞれがミニマリストになったほうがよいと結論されるのかもしれないが、そうした困難な状況だからこそ、逆に他人と暮らすためのかすかな希望を示すことで、番組は大衆的な人気を集めたといえる。モノがあふれ、趣味が多様化する社会のなかで、家族は私的な消費を通じて膨大なモノを分裂の証のように内側に溜め込んでいく。グローバルに拡がるそうした状況になんとか抵抗するために、こんまりは片づけを通して他人と場所や人生を共有していくことを勧めたのである。

†消費社会の延命

以上、一九九〇年代以降のデフレ経済によってモノや情報が大量に生み出されていくなかで、①「賢い」消費のゲームが拡大していくと同時に、②それが買い物を厄介で面倒な「作業」にしていくことにもなった。だからこそ、③モノの飽和に対処するさまざまな手段も編み出されていく。大量にモノがあふれる社会のなかで、情報をあらかじめ選別し選択のコストを肩代わりしてくれるデジタル技術や、買ったモノを片づけ捨てることを容易にするアナログな技法に注目が寄せられていくのである。

こうした技術や技法が組み入れられていくことで、消費社会は延命されてきた。一九九〇年代以降の経済的不況のなかで日本社会は、一〇〇円ショップがそうであるように、アジアを代表とした諸国から輸入を拡大していくとともに、ネットの場の巨大な成長を追い風にして、安価に購買可能な「商品」を増大させていく。そうして安価となった商品を「賢く」買うためだけではなく、さらに買ったものを捨てるための技術や技法が編み出されることでなんとか消費生活は維持されてきたのである。

「消費社会」は終わったと安易に切り捨てる語りのモードがみえなくしているのは、こうして社会の変化に対応しようとしてきた人びとの切実な実践である。消費社会は、資本主義の再生産を補うたんなる補完項にとどまらず、長い歴史を持つと同時に、多様な技術や技法によって補われている。だからこそそれは短期的な経済停滞や天災、場合によっては国の圧政を乗り越えるしなやかさをみせてきたのである。

だとすれば、安易に消費社会を相対化したり、否定することは避けるべきだといえよう。消費社会を本当に超えたいのであれば、その存続のために人びとがいかなる努力をくりかえしてきたのか、そしてそれがいかなる社会的な文化や技術によって支えられているのかについて、まずは具体的に考えていかなければならないのである。

第三章

私的消費の展開

――私が棲まう場所／身体という幻影

1 ゲームの規則

†他者に対するゲーム

消費社会はこうして経済停滞さえ乗り越え、しなやかに継続されてきた。その延命にとくに寄与してきたのが、大量のモノや情報があふれるなかで、効率よくモノや情報を選び、それによって消費社会と自分が誰よりも「賢く」付き合っていることを示すゲームである。

消費に「賢さ」が必要とされることは、たしかに近年強調され始めた現象ではない。日本では一九六八年に消費者保護基本法が制定された頃から、「賢い消費者」であるべきことが、自治体の教育的取り組みもあって、さかんに唱えられてきた。しかしこうして強調されてきた「賢い消費」と、ここでの「賢さ」のゲームは、完全に一致するわけではない。かつての「賢さ」は、詐欺に引っかからず、また無計画な浪費をしない合理的な消費主体であることを主婦を中心とした人びとに呼びかけるものとしてあった(1)。対して九〇年代に拡がるゲームは、高いコスパを求めて特別に安価な、または質は良いがかなり高価な商品を買うことをより広汎な人びとに求めていく。かつての「賢い消費者」が避けるべきとされた浪費やみせびらかしをあえておこなうことを、現在の「賢さ」はいわばむしろ促すのである。

この意味でデフレ期の「賢い消費」は不特定多数の他者と交わすコミュニケーションの一部にあくまで属していたといえる。ボードリヤールは、会話が記号としての言葉を用いておこなわれるのと同じように、消費も記号としての商品を利用したコミュニケーションとして実行されるとみなしていた。他者に対してさまざまな駆け引きをし競い合うそうしたコミュニケーションのゲームの一種として、「賢い」消費もデフレ下の社会にひろく受け入れられてきたのである。

ただしもちろん「賢さ」を求めるコミュニケーションのゲームだけが消費にかかわり積み重ねられてきたわけではない。同時代には並行して、別種の消費のゲームもくりひろげられてきた。たとえば東日本大震災以降、目立ち始めた「応援消費」やそれと共通する部分がある「推し活動」などがそうである。多くの消費がコミュニケーションとして積み重ねられていることを背景に、消費が他者に対して意味を持つことを自覚的に利用したいわばメタ的なコミュニケーションのゲームとして、それらは実行されていくのである。

そうした意図的なコミュニケーションの試みの一種としてさらに興味深いのは、環境あるいは自分の体に優しいとされる商品の購買を求める流行である。米澤泉は、二〇〇〇年頃からそうして自他に対して「正しさ」を求める消費が増加していくと分析している。[2] それを象徴的に示すのが、ユニクロの興隆である。地方小都市でチェーン化を始めたユニクロは一九九〇年代末から巨大な成長を示した。それはファッションの消費が、自分のセンスや購買力を他人に見せ付けるのではなく、華美を排除し、自分らしくいようと努力する機会として受け入れられていることを示しているというのである。

米澤はこうした購買活動を、バブルの時代に衣服の分野でとくに目立った、自分の感性や富裕さをみせびらかす消費と対照的な実践として描き出す。ただし妥当する部分はあるとしても、自分が「正しく」消費していることを他者に表現するという意味では、それがなおコミュニケーションの枠内にとどまっていたことも見逃してはならない。「正しい」消費も、自分が社会に対して異質な他者ではなく、自分の身体に気を使い、適切なライフスタイルを維持し、進んで社会参加する者であることを示す一種饒舌《じょうぜつ》な表現として機能してきたのである。

この意味では「正しさ」を求める消費は、「賢い」消費の亜種としてあるだけでなく、その主張を極端化したものとさえいえる。ここでの「正しさ」は、一方では「賢く」買うための判断基準として利用される。「賢く」あるために、たとえば環境やジェンダー的に瑕疵《かし》のない商品の購買が求められるのだが、同時にここではそうした判断基準に他者も従うべきことがかなり強く主張されている。従来の「賢さ」を競う消費のゲームでは、「安価」さやブランド品の「他に代えがたさ」といったさまざまな要素が勝利条件として並立していた。しかし「正しい」消費の場合、自己のおこなった消費に他者も追随すべきことが潜在的にであれ求められているのである。

それらを例として二一世紀には、多様なコミュニケーションのゲームが消費にかかわり発達していく。そのひとつの極点では、安易に買わないことを目指す「嫌消費」という現象さえみられた[3]。若者を中心として、華美なファッションや自動車などをむしろ容易には買わないことによって逆説的にも何かを表現しようとする人びとが増加していると二〇〇〇年代後半には説かれていくのである。

もちろん「嫌消費」的風潮が実際にどれほどの拡がりをみせたのかについては、あくまで慎重に見極める必要がある。①すでに確認したように物価下落の影響を組み入れれば少なくとも一般的に消費活動がその時期に減退したとはいえないことに加え、②車や住宅など一部の高価な商品の消費がたとえ減少したとしてもその大部分は収入が減ったことによる避けがたい現象にすぎなかった可能性が高いのである。

しかしそれらを認めた上で、さらに興味深い、または危惧すべきことは、これから「嫌消費」的志向がこの社会により強制的に定着していく可能性である。二〇二二年以降、急激な円安や他のアジア諸国の成長によって安価な商品の展開が困難になりつつある。デフレの時代は終わりを迎えつつある可能性が高く、にもかかわらず社会の貧困化が進めば、消費はさらに困難な活動になりかねないとたしかに考えられるのである。

事実としてはその恐れも拭いがたい一方で、ただしその場合にも消費がすぐにコミュニケーションとしての役割は終えるのではないことは確認しておいたほうがよい。まずそもそも「賢く」消費するという志向がすぐに廃れるとも考えにくい。情報空間の膨張はなお止む気配はなく、ユーチューブやネットフリックスにアップされたコンテンツやサービスを次々と、できるだけ「コスパ」よく消費していくことがむしろますます強く求められている。さらにデフレのなかで積み重ねられてきた消費の成功体験は、より安く、質のよい商品を買うことを促す圧力として今後も一定のあいだ、通奏低音のように日本社会に影響をおよぼし続けると考えられる。

もちろん物価高は、少なくとも嗜好品的な高価な商品の購買を困難にしていくだろう。しかしそうなれば一方で消費を「勇敢」にまたは「華美」におこなうことが、あらたな楽しみとして成長していく可能性が高い。すでにその傾向は、グローバルな物価高のなかであきらかになりつつある。たとえば原油高と円安傾向が続けば、海外旅行が高嶺《たかね》の花で、だからこそみせびらかしとして意味を持つ時代が再び回帰してくる可能性が大きいのである。

以上の意味で今後の短期的な経済の変動で、コミュニケーションとしての消費が簡単に揺らぐとは想定しにくい。インフレ傾向のなかで、「賢さ」を目指すゲームはその広がりを狭め、またそれに応じて消費も量的には減ることになるかもしれない。しかし日本社会はたとえば九〇年代以降の経済停滞という危機を、直接の「購買」のみならず、「選択」や「廃棄」にかかわるさまざまな術を展開していくことで切り抜けてきた。そうした歴史を踏まえるならば、インフレのなかで価格においてより多様化していくであろう商品群を土台としてあらたな消費の戦略が花開いていくことはあっても、コミュニケーションとしての消費が一気に衰退し、結果、消費社会が急速にしぼんでいくとは考えにくいのである。

†誠実なゲーム

ただし一方で消費は、たんなる他者とのコミュニケーションに尽きるものではない。そうした定義だけでは、たとえば他のコミュニケーションのゲームとの区別がむずかしくなってしまう。九〇年代以降、携帯電話やスマホなど情報機器の技術革新が進んでいく。それを用いたコミュニケーションのゲームは、場合によっては消費と重なる役割をはたしてきたが、完全に消費を代替したわけではない。実際、もしそうだったならば、情報にかかわるコミュニケーションの急拡大に飲み込まれ、消費はデフレのなかでその意味を急速に減らしてしまっていったはずなのである。

しかし現実には一〇〇円ショップやブランド品の興隆においてみられたように、消費は社会のなかでむしろより大きな意味を担ってきた。それは消費がSNSなどのコミュニケーションに還元されない特有の役割をはたしてきたためと考えられる。端的にいえば、消費はあくまで貨幣を媒介としておこなわれることを特徴とする。貨幣を媒介としない通常の会話や、SNSなどのコミュニケーション、あるいは貨幣が関与するとしても、理論的には無視できる「交換」や「配給」の場合とは異なり、貨幣を媒介としない消費は存在しない。消費とは、あくまで貨幣を投げ出すことを代償として実行される独自の社会的活動だからである。

そうして貨幣を媒介とすることで重要になるのは、ひとつにそれが消費を不可逆で取り返しのつかない、またそれゆえに「誠実」なゲームとすることである。考えてみれば、SNSなどのコミュニケーションでやり直すこと、また嘘をつくことは、けっして非日常的なことではない。私たちは何者かを演じてしばしば投稿し、それによってみせたい自分自身を塗り替える。他方で受け取る者も、投稿者の本当の生活がSNSに表現されていると心から信じているわけではない。むしろあまりに「誠実」な表現は拒否される場合もある。

たとえば過度の怒りや悲しみをSNSで表現することは、多くの場合、マナー違反として避けられているのである。

そうして嘘をつくのがたやすいのは、端的にいえばSNSの場ではコミュニケーションのリスクやコストがさほど大きくないためだろう。匿名の場合はいうまでもなく、そうでなくともSNS上で少々の嘘はバレる可能性が小さく、バレたとしても皆が自分を多かれ少なかれ飾っているという意味では、受けるダメージは大きくない。むしろみせたい、またはなりたい自分になれ、またそれを幾度も気軽に修正できるコストの少なさや虚構性こそが、SNSの魅力のひとつなのである。

それと比べれば、モノを買う場合に「嘘」をつくことはむずかしい。端的には、消費においては金銭的なコストが大きくなるからである。消費される対象には相応の価格がついており、それに応じた貨幣を支払わなければ、購買活動は成立しない。

問題は、消費において支払われるこの貨幣が社会的には稀少で、貴重なものとしてあることである。一般に私たちは煩わしい交渉を通して貨幣を初めて自分の手にすることができる。労働を通して貨幣が入手される場合には、まちがいなくそうである。私たちは自分の時間や労力を切り売りし、何者かの要求に応じることで金を得る。とくに戦後日本においては、企業に仕え、働くことで金を得ることが普通となった(4)。企業で働けば、しばしば安定して給与を得られるとはいえ、その代償として労働時間のみならず、住む場所や将来の計画などを自分で決める自由を企業に奪われてしまうのである。

他方、投機で金を稼ぐ者や相続で巨額の富を手にした者も、貨幣を手に入れるために社会的な制約を受けることに変わりはない。投機で金を稼ぐ者が市場を注視せざるをえず、相続で金を得る者が家族や周囲の評判を気にしなければならないように、金を得るためには多かれ少なかれ他者の動向や思惑を考慮せざるをえないのである。

こうしてあくまで社会的な代償を支払い獲得された対象である貨幣を費やす実践として、消費には慎重さが求められる。フランスの社会学者ピエール・ブルデューを代表とした趣味分析が、一定の有効性を持っているのもそのためである。ブルデューは人びとが消費する文化財を、生まれや階層、教育に基づく趣味や思想を表現するものとみなしたが、そうした分析が可能なのは、貨幣が多くの場合、社会的従属の代わりに手に入れた代償としてあり、その価値を私たちが合理的に考慮して使用していると想定されているためなのである。

もちろん遊びや気まぐれでおこなわれる消費もある。しかし高価なものを買うふるまいが往々にして金を使い慣れないことの証となってしまうように、社会が張りめぐらせた不可視のルールを意図して超えることはむずかしい。戯れの消費にさえ、場合によっては何かしらあえてするものとしての意味が読み取られてしまうからであり、そうして他者の読み取りの可能性を二重三重に予期しておこなわれるという意味で、消費には他者の視線が纏《まと》わりつき、それが消費に既存の社会的な秩序を再生産させる役割を担わせているのである。

†私的消費

貨幣を媒介として、消費はこうして「無償」のコミュニケーションにはない「誠実性」を担い、だからこそSNSの興隆にもかかわらず特別の役割をはたしてきた。複雑化する現代社会のなかで、消費はそれを通して自分が何者であるかを否応なくあきらかにする手段として利用されてきたのである。

とはいえ一方で消費はたんに他者との交流を前提とした合理的なコミュニケーションのひとつに回収されるわけではない。そのことをみる上で重要になるのが、貨幣の、おそらくは先にみた以上に本質的な特徴である。貨幣が大切になるのは、社会的なさまざまな苦労を経て手に入れられるからだけではなく、それがいかなるモノにも縛られない無際限の可能性としてあるからなのではないか。貨幣を持つかぎり、私たちはいつ、また何を手に入れるかを先延ばしにすることができる。特定のモノに縛られないそうした可能性こそ、そもそも終わることのない価値増殖の追求、つまり資本主義を可能にしてきたのである。

だが消費においては、この大切な未来の可能性が放棄される。貨幣は限定された有限の可能性しかないモノ（やコト）へと換えられるのであり、その意味で消費は「投資」や「交換」のようにただ合理的にのみ理解できる行動ではない。実際、ジョルジュ・バタイユは、消費を有用物を無へと送り返す「蕩尽《とうじん》（consumation）」とみなしている。得られるものが無であるかもしれない「賭け」や、生命を破壊する「犠牲」と同様に、有用物が生産のためではなく快楽やまたはたんなる無のために使用されるという意味で、消費は非合理的な「蕩尽」としてあるとバタイユは考えたのである(5)。

ではにもかかわらず、なぜ消費は実行されるのだろうか。バタイユはそれを合理性から外れ、自己を他者から遮断することそのものに快楽があるためとみなしている。合理性を侵犯することで、行為者は自分が通常の社会のルールを外れる特別の者であることを自他に対して際立たせる。同様の事態はたとえばソースティン・ヴェブレンのいう「みせびらかしとしての消費（conspicuous consumption）」においても確認される(6)。ヴェブレンは、金持ちは自分の富を誇示するために購買活動をおこなうとみたが、そうした誇示に意味が読み取られるのは、「本来」合理的であるべき消費がここでは非合理におこなわれ、そしてそれに耐えられるのは金持ちだけと暗にみなされているからなのである。

「蕩尽」としての消費はこうして一種非合理なものとして現れる。ただしこの場合はなお消費が、自己が特別のものであることを示す一種逆説的なコミュニケーションにとどまっていることも忘れてはならない。しかし消費はいつでもこのようにコミュニケーションを志向するものとして現れるわけではない。貴重な貨幣が投げ出されることは事実だが、むしろ消費においてよりしばしば切実に問われるのは、その代わりにいかなる快楽や満足が得られるのかである。返礼を欠いた「犠牲」や、何を得られるか不確かな「賭け」と異なり、無際限の可能性を持つ貨幣が費やされるからこそ、それに引きあう代償や快楽を得ることが、消費ではしばしば中心的な課題となる。

ただし大切なことはこの場合、こうしてある意味で合理的な取引の結果として手に入れられる対象が、他者にとっていかなる有用性や機能があるかどうかは、かならずしも大きな意味を持たないことである。投げ出された貨幣の無際限の可能性を代償する価値が私にとって何もなければ、たとえそれが他の人にとって価値があったとしても、消費においてはあまり意味がない。他者にとっての価値をあくまで焦点としておこなわれる「投資」や商業的な「交換」と、消費はこの意味ではっきりと区別されるのである。

この意味で消費には、何かを伝えようとするコミュニケーションの水平的なゲームの他に、他者を相対的に置き去りにして、むしろ自己の快楽や満足を貪欲に追求する垂直な私

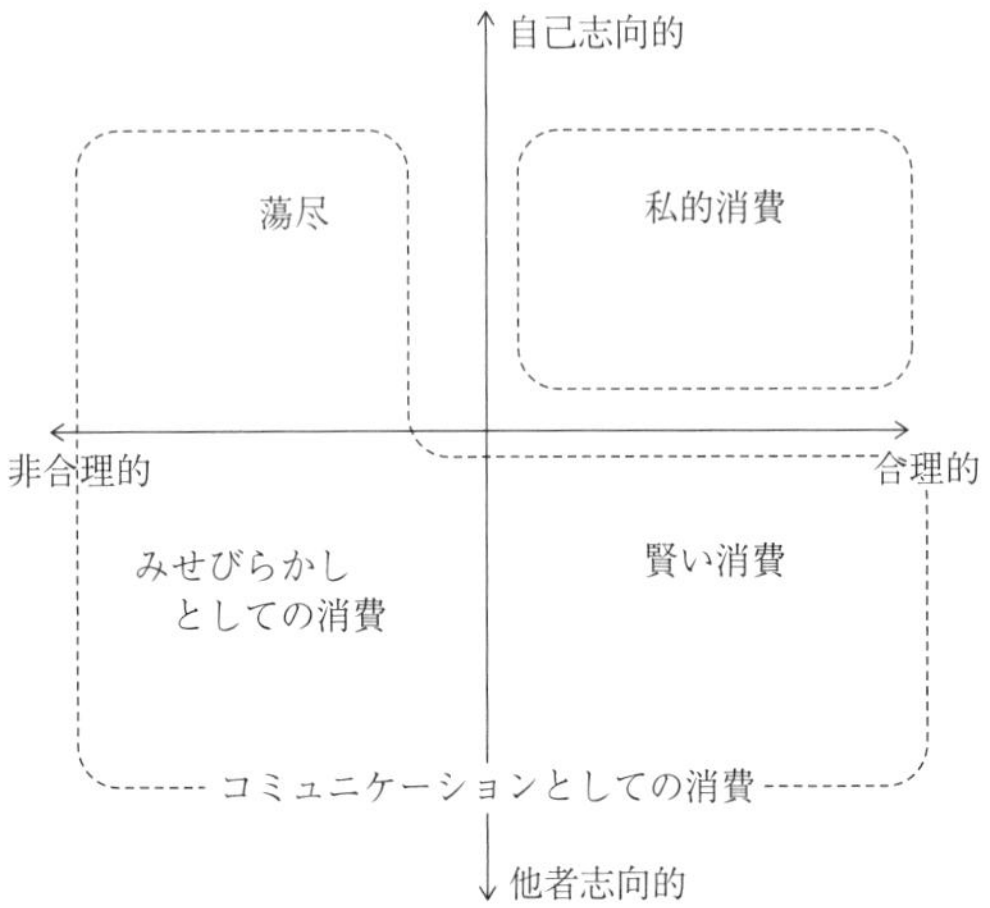

図17　消費の模式図

的なゲームが含まれていることになる（図17）。後者のゲームにおいて重要になるのは、あくまでこの「私」にとって消費が何を意味するかであり、他者にとってそれが何を意味するかではない。だからこそ消費には終わりがない。無際限の可能性を持つ貨幣に、完全な代償は存在しないが、しかしそれゆえにこそ、できるだけ多くの快楽や満足を求めて、消費は続けられていくのである。

　間違えてはならないのは、こうしたコミュニケーションとしての消費のゲームと私的な探求としてのゲームは、前者から後者から生まれるといった時間的な前後関係や、はたまたどちらが優れているといった優劣の関係を取るわけではないことである。「第四の消費」論や「正しい」消費といった議論は、消費に時系列的な変化をみることで、他者とのコミュニケーションを時代遅れの克服すべき消費とみなす傾向がある。だが、そうした見方には無理がある。商品に他の商品との違いを示す示差的な価値が備わっている以上、他者との水平のゲームは多かれ少なかれ、つねにすでに続けられているからである。

他方、それに並行しつつ、自己と関わる垂直なゲームとしての消費も、長い時間のなかで私たちにさらなる探求を促し続けてきた。消費に何かしらの時間的変化をみたいのであれば、こうした私的消費そのもののうちに蓄えられた具体的な歴史をむしろみたほうがよい。私的消費は、具体的なモノやコトと関係を結ぶことで固有の歴史を織りなしていく。たとえば本書はすでに日本では一七世紀以来、消費の探求が自分の快楽や満足を目指し積み重ねられてきたことを確認している。遊女を買うことや園芸植物を弄ぶという残酷な実践がくりかえされるなかで、貨幣とは何であり、それによって何を手に入れられるかが執《しっ》拗《よう》に問われてきたのである。

そうした実践を引き継ぎ、現代社会でも私的な消費が多様に、またより深く追求されている。①過去の私的な消費の営みを前提として市場に多様な商品が供給されるからだけではなく、②他者がおこなってきた消費がときには反面教師として参照されることで、消費はその可能性を膨張させてきたのである。

†「盛り」のゲーム

　では消費の一面としての私的な消費は、現在いかなるかたちで展開されているのだろうか。それをみる上でひとつに興味深いのが、一九九〇年代以降、年少の女子たちに拡がっていった特有の化粧や服装のブームである。久保友香は、著書『「盛《も》り」の誕生――女の子とテクノロジーが生んだ日本の美意識』（太田出版、二〇一九年）のなかで眉毛や目の形、肌などを特殊なかたちで変形させる「盛り」の文化が九〇年代後半以降に多くの若者たちを魅了していったことをあきらかにしている。変化を後押ししたのは、おもにメディアの革新である。久保によれば、ファッション雑誌からプリクラ（またはプリクラ帳）、ＳＮＳなどへ女の子の利用するメディアが多様化し、またより日常的なものになるにつれ、「盛り」は大衆化し、また場合によっては極端化しつつ、女の子たちが興じる遊び、または同調圧力になったのである。

　こうした久保の分析を踏まえつつ、ただし本書がとくに注目したいのは、「盛り」が同時にデフレを利用した「私」的な美の探求としてあったことである。「盛り」の文化は、たしかに当初は渋谷や青山などにある有名私立校に通う、それゆえおそらく購買力に一定の余裕のみられた女子高生を発端としていた。そうした東京の局地的な流行を一部の雑誌が取り上げることで、注目が集まったのである。

しかし後にはファッションの震源地はより大衆化し、その流行も階層を超えた拡がりをみせることになった。その際に中心となったのが、通信制の高校に通うなど、かつての流行の発信者とは異なる階層に属する者だった。金銭的な余裕があるわけではないが、校則がゆるく、失うものが少ない、だからこそそれまでの女の子らしさにより挑戦的な態度がとれる人びとが、次の段階でブームの担い手になったのである(7)。

その際に利用されたのが、安価に購買できるコスメやファッションだった。たとえばすでに一九八五年に売り出されていた安い価格で色とりどりのコスメを集めた「キャンメイク」シリーズが雑誌で取り上げられたことをきっかけとして一九九八年以降、爆発的な流行をみせる(8)。そうした安価なコスメを代表として、怪しい廉価品ではなく手軽に使える化粧品が、ドラッグストアや一〇〇円ショップで人気を呼び始める。三田村蕗子《ふきこ》によれば、一〇〇円ショップも九〇年代前半まではメーカーに送り返された化粧品を安く売るだけだったが、以後、自社の商品開発に力を入れ始め、それが「プチプラコスメ」と呼ばれることになるとともに、化粧の低年齢層化、さらにはガングロメイクの流行を支えたのである(9)。

それと並行しつつ、とくに衣服で流行の中心になったのが、渋谷の109だった。一九九五年にリニューアルされた渋谷109は、メガブランドではなく、若者向けの比較的小さな店舗を多数集め、新規な商品を積極的に販売していくことで、東京の女の子文化の拠点になった。当時の店員の平均年齢は二〇歳程度だったとされるが、[10]客とさほど変わらない年齢の者が店員やバイヤーを勤めていたことも、流行にはずみをつけた。消費者にほど近い人びとの感性や感覚が反映されることで、低年齢層をも組み入れた流行が一気に拡がっていったのである。

渋谷109にそうして集まった安価な商品の重要な仕入先になったのが、韓国だった。グローバリズムの流れとさらには一九九八年の韓国通貨危機の影響を前提に、安価かつ多様な商品の揃う韓国へと、バイヤーは毎週のように買い付けや発注に出かけ始める。そうして渋谷109には、こづかいやバイト代程度で買えるが、他の場所には売っていない特別の商品が集まり始める。

こうしてグローバルに集められた安価かつ多様な商品の集積に支えられていたという意味で、「盛り」にはあきらかにデフレ的現象としての部分が含まれていた。ファッション業界では比較的下層にいた者たちが、廉価化したコスメや衣装をみつけ、それまでにない「美」を追求し始める。そうして出来上がったものこそ、「盛り」という名で総称されるような特有の美だったのではないだろうか。結果としてそれは既成の文化に対する反抗の色彩を帯びることになった。それまで傍流《ぼうりゅう》に置かれていた層にも自分なりの美を追求する機会が解放されることで、たとえば雑誌『JJ』が体現していたようなきれいでかわいい、つまり男性の受けを前提とした文化から外れた、既成のジェンダー規範に挑戦するファッション文化が生まれていくのである。

もちろんヒッピーやモッズ文化を代表として、ファッションが既存の秩序への挑戦として展開されることは、珍しいことではない。それでも「盛り」で興味深いのは、それがデフレのなかであふれる多様な商品をさまざまな仕方で利用するというあくまで消費社会に同調的な面を強くみせていたことである。メディア学者であるヘンリー・ジェイキンスは、作品をさまざまに改変して楽しむファンのやり方を「密猟《みつりょう》（poach）」と呼んでいる。(11)その言葉を借りれば、「盛り」はデフレのなかであふれ出した安価な商品のなかから、自分にあった、そして「コスパ」の良い商品をみつけ、うまい仕方で利用していく「密猟」的な面を強く持っていたのである。

この意味で「盛り」は、たんに既成の文化に対抗的な流行だったとはいえない。それはデフレを前提に膨らみ始めた消費社会の文化に同調した面をあきらかに持っており、だからこそ一部の若者にかぎられず、多様な層を巻き込み一気に拡大していったのである。

たとえば多くの流行と同じく「盛り」においても、日焼けサロンで肌を黒く焼くなど、校則や親のしつけが厳しい多くの子どもたちにはついていけない不可逆なものに極端化する傾向がみられた。しかしその都度「盛り」においてはその極端な面は弱められ、より多くの者が参入できる手軽な商品文化へと引き戻されていく。

その際に活用されたのが、ドン・キホーテなどのディスカウントショップ、ドラッグストア、さらには一〇〇円ショップで売られる安価なつけまつげやネイル、ウィッグなどの装飾品やプチプラコスメだった。それらから自分にあった商品をみつけ、活用していくことに多くの者が興じていく。久保友香は、それをとくにつけまつげの使用法から確認している。たとえばつけまつげを工夫して利用し、流行に疎い者からみれば判別しがたい自分なりの使用法を編み出していく者が、インフルエンサーとして力を振るったというのである(12)。

†余白を消費する

以上、九〇年代後半からのデフレの長期化を追い風として、「盛り」の文化は多様な商品を自分だけの仕方で利用し、どこにもない「美」を自分でつくりだす大衆的な活動を育んでいくことになった。

その過程でみいだされたものこそ、商品がそれぞれに持つ独自の「余白」だったのではないか。通常、商品は役に立つその機能性（＝使用価値）や、交換される場合の価値（＝交換価値）といった観点から評価される。しかし商品は、同時にそれらに回収されない固有のモノ的部分を併せ持っている。モノとしての商品は、それまでの文化的な規定や交換価値に縛られず、多様かつ未知の使用法を許す独特の余白を含むのであり、こうした余白が私的な消費のための大切な参照項――それはこんまりの「ときめき」の根拠でもあるが――になる。通常の商品に認められた価値や機能を超え、モノからあらたな満足や快楽をできるだけ引き出すことが消費を通して求められるのであり、「盛り」に熱狂した人びとも、モノにこうした余白を発見し、それをどこにもない自己のイメージをつくりだすために利用していったといえる。

もちろんモノの余白が集団的な消費の対象となったのは、「盛り」が初めてではなかった。それは歴史のなかで特定の集団が既存の市場や社会では叶えられない願いや希望を投影する大切な宛先になった。たとえばすでに私たちは、一八世紀日本でさまざまな姿態の植物を愛好する園芸植物のブームが庶民にまで拡がったことを確認している。それは、いまここにある植物からあらたな姿を引き出そうとする実践といえるが、植物のそうした余白を利用して、多くの庶民たちは質素であらざるをえなかった都市の暮らしをそれぞれの仕方で彩っていったのである。

またそこまで遡らなくとも、たとえば佐藤郁哉は『暴走族のエスノグラフィー——モードの叛乱と文化の呪縛』(新曜社、一九八四年)のなかで、暴走族の暴走行為に、商品を組み合わせ、改造し遊ぶ消費文化的側面をみいだしている。たしかに暴走それ自体に楽しみが認められないわけではないが、それ以上に、単車やさまざまなパーツを買い組み合わせ改造する「遊び」が活動のより本質的な魅力になっているというのである。

たとえば佐藤は、「クルマを購入し、それに改造を加えていくプロセスは」「人がモノを手に入れ加工していく」と同時に、「「モノが人を手に入れ、変えていく」プロセスでもある」とみる。若者たちは、さまざまなブランドのパーツを「積木細工のように組みあわせて独自の象徴体系を作りあげ[13]」た後に、それを試し、いわばその能力をテストするかのように暴走していたというのである。

こうした理解を前提とすれば暴走行為は、その時代の消費社会の急速な膨張を背景とした集団的な消費活動であったとみえてくる。暴走をくりかえしていたのは、おもに高校に通わず働きながら小銭は稼ぎつつも、その時代の消費社会から取り残されつつあった人びとだった。ファッションや旅行や住居など、バブルに突入しつつあったその時代に重ねられていくきらびやかな消費から取り残された人びとにとって、暴走という集団的行為は、それを補う楽しみになったのではあるまいか。だとすれば暴走行為は、たんに反社会的な営みだったとはいえない。それは膨らみつつある消費社会に乗り遅れた人びとが、別の仕方で社会に追いつき、自分なりの楽しみを味わおうとする代償的行為だったのである。

†オタクたちの文化

もちろん暴走はたんに消費社会に同調的な行為だったわけでもない。その暴力性においてそれはあきらかに社会秩序に対抗する部分を持っており、だからこそ警察にも厳しく取り締まられた。その効果もあって、一九八〇年代の盛り上がりを最後に暴走族のブームは沈静化したが、他方で同時代にはそれに並行して時代の消費活動に完全に調和できなかったことを補う、より大衆的な現象が膨張しつつあったことも見逃せない。

それがいわゆるオタクたちの文化である。暴走行為がメディアで話題になったのとちょうど同じ頃、『宇宙戦艦ヤマト』（一九七七年）、『機動戦士ガンダム』（一九八一年）の劇場公開を契機として、青年層を中心にアニメブームが拡大していく。注目すべきは、こうしたアニメブームが、①一九七七年の『月刊OUT』、一九七八年の『アニメージュ』『アニメック』など作品の裏設定や解釈を伝えるメディアの誕生、さらには②一九八三年に池袋に開店したアニメイトを代表としたグッズや雑誌、後にはビデオやDVDなどを売るアニメショップの興隆と同時並行的にみられたことである。(14) つまりいわゆるオタク活動は、アニメ産業を取り巻く商品市場の拡大と同調して実現されたのであり、その意味でそれは「密猟」的消費活動の一環としてあった。漫画やアニメ、またはその設定資料やグッズなどの商品を利用・再解釈し、それをもとに自分だけの私的世界をつくりだす行為として、後にオタク的と呼ばれる消費活動が活性化していったのである。

興味深いのは、以上のような私的な「遊び」が、消費社会をかならずしも有利な位置で生きていない青年層の欲望に迎合するものだったことである。学生であったり、フリーターであったりして、満足に働く機会を許されていないという意味で、青年層はしばしば消費社会のなかで傍流に置かれている。しかしだからこそ、アニメや漫画は恰好の消費の対象になった。当初はより年少の者に向けて安価につくられていた漫画や、テレビで無料で流されていたアニメ、またその派生商品が、他の消費社会的市場には満足に参入しがたい青年たちに、安価かつ手軽な楽しみとして享受されていくのである。

実際、私たちの調査でも、旅行やファッション、友達との付き合いなどにひと月三〇〇〇円以上を消費する人と、漫画やアニメ関連商品（DVDやグッズ）、ゲームなどの趣味にそうする人を比べると、前者は世帯年収が上がると順調に多くなる傾向がみられたのに対し、後者ではそうとはいえないことが確認された（図18[15]）。いわゆるオタク的趣味は年収上昇に応じ活発になるどころか、落ち込みさえみられるのであり、その意味でそれらは高所

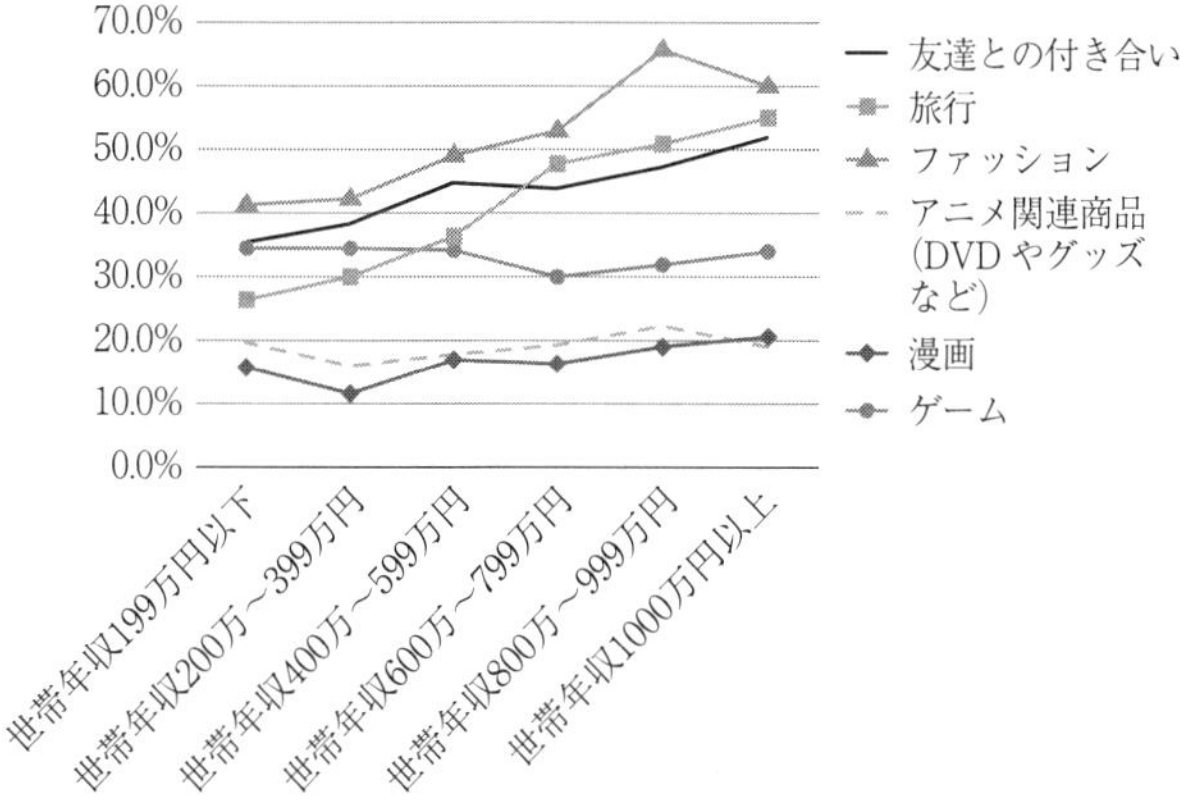

図18　趣味にひと月に3000円以上消費する割合

得層では一般的ではない、逆にいえばお金がない人でもそれなりに楽しめる趣味としてあったのである。

だからこそオタク的な消費は、日本経済が停滞していくなかで、消費社会を活性化する力として期待されていったといえる。一九九〇年年代後半よりアニメや漫画を中心とした趣味の領域は、クールジャパンの掛け声のもと、政治的にも経済的にも注目されていった。とくに東京では他の盛《さか》り場が沈滞していくなかで、秋葉原や池袋というそれぞれ男性・女性向けの趣味の場の繁栄がみられた。住居や車やハイファッションなど消費社会の他の商品に比べれば、アニメや漫画にかかわるグッズやＤＶＤ、書籍は比較的安価に買える一方で、多様かつ頻繁に更新されるモード的商品としてあった。だからこそそれらは経済停滞下で人びとの購買力が落ち込むなかでも活発に消費されていくとともに、経済的な困難を迎えた日本の消費社会を延命する機会として多くの人に期待されていったのである。

†消費社会を補完する

以上、現代日本では、安価なファッションアイテムや化粧品、バイクやそれにかかわるパーツ、オタク的なグッズやDVDなどの「モノ」にかかわる多様な消費がいくつかの層をなして追求されている。それらは個々ばらばらの流行のようにもみえるが、より大衆的な他の人びとのファッションや自動車、食といったさまざまな消費の傍らで、それらを補うように私的な趣味の追求を促していったという特徴においては共通している。それらはより一般的な消費の代償となりつつ、人びとにこれまでにない美や趣味を探求していくことを促していったのである。

それを許したのが、モノの余白である。人びとは既成の市場によってつくられた商品によっては満たすことのできない思いや願いをモノの余白に投影していく。それが場合によってはあらたな市場をつくりだすが、次にはその市場でも叶えられなかった思いや願いが、モノの余白にかかわるさらにマイナーな消費の探求によって引き継がれていくことになるのである。

その現在的な一例として、たとえばコスプレ的ファッションの流行を挙げることができる。さまざまな商品をあらたな仕方で利用しながら、漫画やアニメのキャラクターはもちろん、暴走族風の衣装から、「盛った」コギャルの恰好までこれまでの「私」的な美の探索を参照しつつ、思い思いの美を追求する人びとが現在ではコミケなどのイベントをはみだし日常的な場に増加している。普段、私たちは、家族や学校や会社、または友人の視線に縛られ、こうあるべきという服を着ている。しかしこれまで積み重ねられてきた多様な私的実践を土台として、いまでは多くの人びとが家族や会社、友人関係、さらに場合によっては人種や性差、人間といったといった枠の外で、ある種の虚構のなかにあらたな「私」をみつけだすことがひとつのブームになっているのである。

2 住居――ニュートラルな居場所

†消費のゲームの対象＝「身体」

以上のように現代社会では、①「賢さ」を競うといった他者に向けられたコミュニケーションのゲームの他に、②モノを活用し自分の快楽や満足を高める探求が、消費にかかわり続けられている。後者は、モノを自己の好みや欲望に合致する「分身」に変える作業とも言い換えられる。たとえ他者に評価されなくとも、自分にとってかけがえのない価値を持つ対象が、くりかえしの消費のなかで探されていく。たとえばぬいぐるみやフィギュアがそうだが、そうしたモノが収集され、自己の分身とされることで、他者から脅かしがたい聖域が自己の近傍に現代社会ではしばしばつくりだされているのである。

そうした分身のなかでもとくに重要な対象になったのが「身体」である。それはひとつに身体が、自分にとってもっとも身近でありながら、同時にもっとも遠い対象としてあるからだろう。身体にはさまざまなタブーが存在するが、だからといって簡単に別のものに変えたり、廃棄することはできない。だからこそ身体に対して働きかけ、その姿かたちや働きや機能を調整することで、より「私」的なものにつくりかえていくことがしばしば試みられているのである。

消費はその恰好の機会になる。たとえば「盛り」がそうだった。私たちの、そしてとくに女性の身体にはさまざまなタブーがつきまとい、自由に手を加えることがむずかしくなっている。その身体に対して「盛り」の文化は、タブーを超えるさまざまな「遊び」をそそのかす。渋谷109やドンキでプチプラコスメを買い、肌を黒くし、眼を大きくするなどして、多くの女性たちが豊富に販売される商品を独自の仕方で使いつつ、あらたな美を探究していったのである。

†超高層マンションでの生活

こうした消費のゲームはとくに安価に参入できたことで、多くの若者に受け入れられたが、他方でより高価で、それゆえより「誠実」に対価を吟味せざるをえない消費のゲームもあった。なかでもバブル期以後に目立ったのが、私的な身体の棲《す》まいとしての超高層マンションの林立とその「消費」である。(16)

一九九〇年代前半より超高層マンションが東京、続けて日本各地に立ち並び始める。ではなぜこうした流行がみられたのだろうか。その引き金になったのは、平山洋介が指摘しているように、ひとつには法的な改正である。土地を「有効活用」し、それによって地価の高騰を引き起こすことを狙って、地域を限定しつつも容積率が緩和されていく。容積率はその土地に建てることができる建物の形状を実質的に定めるのだが、東京では二〇〇〇年の特定容積率適用地区制度の制定や、二〇〇三年に東京都が容積率緩和の運用方針を変えたことなどによって、それまでの規制が有名無実化され、超高層マンションが多くの場所で建てられるようになったのである。(17)

加えて、もちろん経済的な条件も超高層マンションの建設を後押しした。九〇年代なかばより続いた都市の不況のなかで、超高層マンションは利益が期待できる数少ない物件とみられデベロッパーの注目を集めた。バブルの崩壊後、大規模な再開発によって大きな利益を上げることはむずかしくなっていくが、その代わりにかつての工場跡地や商業地など、価格を下げた土地に超高層マンションを建てることへとデベロッパーの目が向けられていったのである。

他方、購買者にとっても、超高層マンションは将来の価格維持が期待できる貴重な物件になった。実際、東京でも郊外、それも交通の便が悪い場所では地価下落が目立ったのに対し、交通の便の良い駅チカの中心部に建てられる場合が多いタワーマンションは不況に強い住戸と見込まれ、国内または国外からの投資を集めていったのである。

ただしタワーマンションの人気は、①規制緩和や、②資産の優位性に還元されるわけではない。そもそも超高層マンションが値崩れのしない住宅商品としてあったのも、根底からみれば、それを手に入れたいと思う消費者が多数いた（とみられた）からである。ではなぜタワーマンションは消費者に人気となったのか。それを考える上で、そこに含まれる住戸が高度な水準でプライバシーを実現していたことが大切になる。

まずそもそもそれは街の賑わいから物理的に隔離されている。規制の関係から超高層マンションは、駅チカの商業地や工場や倉庫の跡地など、従来の住宅地とは切り離された場所に建てられることが多い。さらにそうした場所で超高層マンションは、その頑丈な躯体《くたい》やセキュリティによって、街の騒音や不審な他者が容易に侵入できないように守られているのである。

他方、コミュニティ的にもそこでは分断された暮らしがしばしば送られている。超高層マンションの魅力のひとつとして、煩《わずら》わしい人間づきあいを回避できることが挙げられる。実際には、大規模であるせいで管理組合の運営等の負担が大きくなることも多いが、少なくとも日常的にはその規模のおかげで、自分の好む人と選択的で、匿名的な関係を保ちやすくなっているのである。とくに階層やライフスタイルが異なることが多い、低層と高層の住人の隔絶は大きい。筆者らが二〇〇〇年代後半に東京や地方の超高層マンションを調査した際にも、（ときには同じ）トップアイドルや俳優、スポーツ選手が住んでいるという噂がたびたび語られた(18)。こうした噂は事実というよりも、住民たち自身でさえ高層階に誰が住んでいるか把握できないという不安をよく表現していたとみられるのである。

†プライベートな空間

最後に個々の住戸の水準においても、他者を介在させないプライベートな空間がそこでは実現されている。まず求められる躯体の性能の大きさから、少なくとも賃貸のマンションに比べれば、超高層マンションでは壁や床が厚く防音性や気密性が高くなっていることが多い。加えてセキュリティの頑丈さや、ITメディアの発達に伴い、超高層マンションの内部では、騒音や外気温を遮断し、得られる情報を選別した孤立空間が実現されているのである。

ただし物理的な隔絶は程度問題にすぎないともいえる。構造上、超高層マンションの上部では重量を軽くするために充分な防音設備はむずかしくなっている。その意味でより重要なのは、間取りやしつらえ、あるいは営まれる生活形態のおかげで、超高層マンションには社会的に、または幻想として他者を排除した空間が実現されていることである。

たとえば超高層マンションの住宅の内部では、同じテイストの床板や壁紙などによってしばしば空間はなめらかに接続されている。一例としてキッチンはアイランド型をとるなど、他の空間とシームレスにつながるようにできるだけ工夫されている。かつての住戸でキッチンは、「主婦の城」として独立性が強調され、その一方で北側で日の当たらない場所へと追いやられている場合が多かった。それに対し超高層マンションでキッチンは基本的に独立せず、他の空間にできるだけ連続的につなげられているのである。

シームレスなこうした超高層マンションの空間の内部で中心を占めるのが、リビングである。比較的大きな空間を割り当てられたその場所では、親密な時間を居住者たちが共有することが前提となっている。もちろん個室もしばしば併置されているのだが、柱や梁《はり》で建物を支えるラーメン構造、躯体と内部のインフラを切り離したスケルトン・インフィル、さらにはそもそも可動するようにつくられた間仕切りのおかげで、間取りを変更する幅があらかじめ大きく許されている場合も多い。つまり超高層マンションの間取りは、理想的には固定されない、一時的なものであることが望まれており、制約さえなければ、住居の神話的な原型としての一室空間に立ち戻ることが期待されているようなのである。

そうした空間のなかで、親密な関係にある人びとがプライバシーをさらけ出して暮らすことが超高層マンションでは理想とされている。その空間的一貫性から、祖父母のような生活時間や趣味の異なる他者とともに暮らすことはむずかしく——妥協として和室を設置するといった例もみられるが——、妻（または夫）が料理をしつつ、家族に交じり、子どもたちも個室に引きこもらず、ともに娯楽を楽しむような親密な生活が、超高層マンションでは理想になっている。たしかにいつの日にか子どもは大きくなり、親とは別の趣味を身につけることになるかもしれない。その時には、子どもたちはその空間を出ていかざるをえないだろう。超高層マンションには人びとが親密に暮らすプライベートな空間がつくられており、それに馴染めない他者はそこにとどまることはできないからである。

他者の身体を排除するこうした超高層マンションのプライベートな空間のあり方を、小竹正人の小説『空に住む』（講談社、二〇一三年）は、よく描きだしていた。小説では若い女性が、仲の良い叔父夫婦や得体のしれない恋人と、一棟の超高層マンションで、しかし別々の住戸で暮らす。そうした暮らしは孤独ではあるが、自由なものでもある。住人たちはたがいに「私人」として、自分が好む場合にのみ関わり、衝突を避け生きていけるからである。

超高層マンションの住人だけではない。超高層マンションがそもそもこれほど人気になったのは、他者を排除するプライベートな暮らしが、現代社会で広く理想化されているためではないか。たとえば経済学者のブランコ・ミラノヴィッチは、現在、富める国ではますます単身世帯化に進む傾向がみられると指摘している。「中央アフリカの最貧国では平均世帯規模は八人から九人」であるのに対し、「ノルウェー、デンマーク、スウェーデン」では「平均世帯規模が二・二人から二・四人になっている」[19]。こうした現象がみられる背景として、ミラノヴィッチは商品化の浸透を指摘している。暮らしの隅々にまで多様な商品が行き渡ることで、料理や教育、レジャーや性生活など、生活のさまざまな要素を外部化（アウトソーシング）して暮らすことが容易になった。ただし商品に依存した生活はコストがかかるため、現実的には貧しい国では選択肢に挙がらず、豊かな国でいち早く実現されているというのである。

超高層マンションの暮らしも、こうしたグローバルな期待の延長線上にあると考えられる。超高層マンションにはできるだけ関係を外部化《アウトソーシング》し、それによって内部から可能なかぎり他者を排除したプライベートな空間が実現されている。駅やオフィスや商業施設、保育施設にしばしば近く、場合によっては建物内にジムやコンビニを含む超高層マンションでは、単身世帯や小規模の家族であっても親や友人、隣人に依存せず快適な生活が送れるようになっているのである。

もちろん世帯の縮小は、少なくとも日本では高齢化や少子化の影響が大きく、ミラノヴィッチがいうようにかならずしも積極的に望まれたものとはいえない。ただし結果と原因はここでは絡み合う。世帯人員が減った結果として超高層マンションでのように少人数の快適な暮らしが送られているのか、あるいは逆にそうした暮らしを送りたいからこそ世帯人員が減っているのかは、多くの当事者にとっても見分けがたいことだろう。はっきりとしているのは、世帯を縮小しプライベートな空間に暮らすことが現代社会では理想として受け入れられており、それを守る繭《まゆ》として超高層マンションが多くの人の欲望の対象になっているという事実だけなのである。

†快適性の誘惑

超高層マンションには、こうして他者の「身体」を排除した「快適」な居住空間が実現されている。他者やそれが持ち込む感性の合わないモノをできるだけ排除した、いわば「こんまり」的ともいえる自己中心的でフェティッシュな空間がそこでは少なくとも部分的に実現されているのである。

ただしこうした空間は超高層マンションの専売特許というわけではない。住居以外の場所に目を向ければ、超高層マンションに先駆け、快適性を重視する空間が以前から多数つくられていた。たとえば電通のコピーライターだった藤岡和賀夫《わかお》は、すでに高度成長の時代に「毎日夜遅くまで会社に行って働い」ていたのは「会社の方が自分の家より圧倒的に設備が良かったから」と述べている[(20)]。

都市のオフィスや商業地区では、個々の仕事に没頭できるよう空調設備が備わり、音や他者からのまなざしが調整された、快適で部分的には私的でさえある空間がいち早くつくられていく。その背景にはいわゆる「集合的消費(collective consumption)」(マニュエル・カステル[(21)])の対象として、そうした空間が多数の人のニーズを束め実現されていたことが大きかったと考えられる。多くのニーズ、そして金が集まるそうしたパブリックな空間では、快適な、そして時代のモードにあった空間づくりのために頻繁な更新がなされやすい。それに対してプライベートな消費の対象としてある住居は、しばしば更新の波から取り残される。たとえば先の藤岡は自分の家では「夏なんか、四畳半の窓を開けると、隣の赤ん坊の泣き声はするは、トイレの臭いは流れ込んでくるわ、とても家に居て安まるなんてもんじゃなかった[22]」と述懐しているのである。

それは高度成長期にかぎられた話ではない。とくに地価が高く建設に費用がかかる大都市内では、住居はしばしば快適な空間づくりから取り残されてきたのである。

この意味では超高層マンションが人気となったのは、ひとつには住居に「集合的消費」の原理を大規模に持ち込むことで、それが最新の設備を備えた居住空間を相対的に安価に提供できたためと考えられる。都心に一戸建てを買えるような富裕層でなければ、都市の中心部で快適な暮らしを始めることはこれまではかなりむずかしかった。それに対して超高層マンションは、高所得のサラリーマンであれば買えなくもない商品として販売されていったのである。

結果、超高層マンションは、都市に生じていた「快適性」の穴を埋めることになった(図19)。かつて多くの住居施設は個人的消費の対象に留まることで、都市の「快適性」の水準にいびつな凹みをつくっていた。騒音や暑さ寒さ、あるいは美的センスなど「私」を

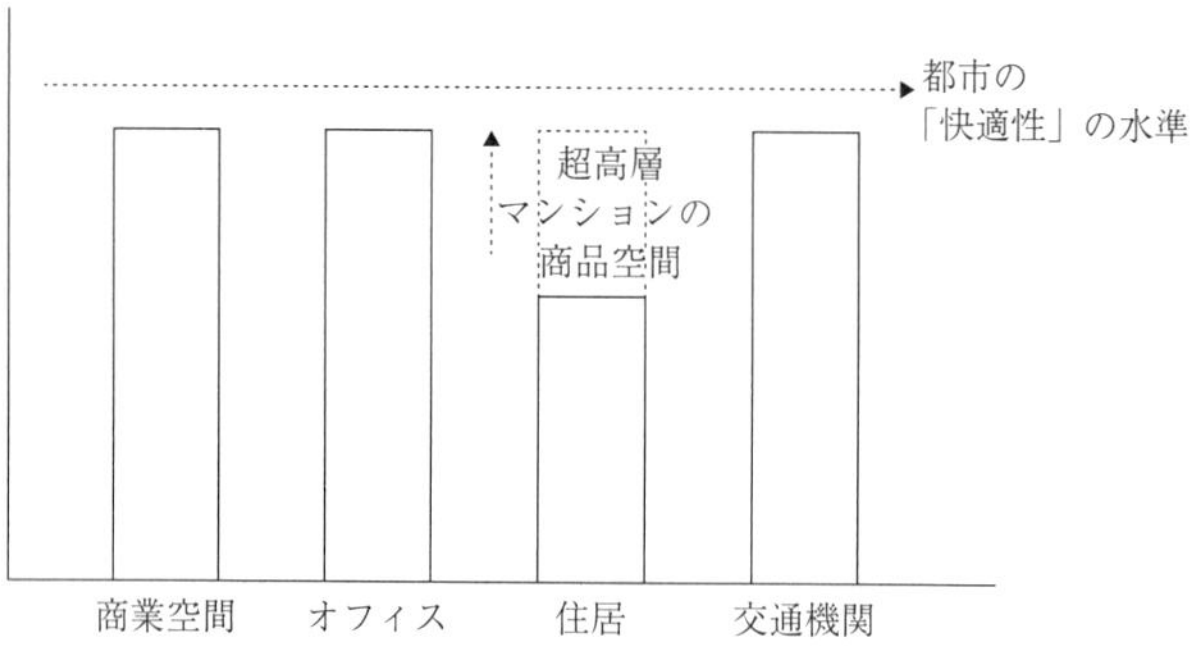

図19　都市の「快適性」の模式図

乱す感覚的他者に加えて、家族などの具体的な他者の介入を避けた私的な空間はむしろオフィスや商業地などの公共空間にいち早く実装されていったのである。しかし超高層マンションはついに周到に管理され、できるだけ生活感が降り積もらないように計画された居住空間に暮らすことを、一部の超富裕層以外の人にまで可能にしていく。それは理想的にはつねにあたらしく、ニュートラルで、あらゆる「私」的なものを受け入れる場としてつくられているのだが、結果として「ホテルライク」とも評されるこうした空間が、大量にそして同じ立地の戸建てに比べれば相対的に安価に供給されていくことで、快適なオフィス空間で働き、快適なレストランで食事をし、快適な家に帰るといった、感覚的にシームレスな暮らしも容易になっているのである。

　この意味で超高層マンションは商業空間やオフィス

に実現された快適性の空間を個人向けのものとして再編し、商品として売り出すことで、住むことに関する特有の技術革新を実現するものだったといえる。もちろんそれでもなお相対的には高価なその住居に、誰もが住めるようになったわけではない。しかし近年はより一般的な住戸にも、しばしば超高層マンションで培われた技術を前提として、全館冷暖房や二重窓、あかるさや気温を自動調整する最新のテクノロジーなどが取り入れられつつある。そうして多くの人が快適かつ私的に暮らせる空間が、現代では標準装備されつつあるのである。

さらにそうした住居に住むことができない人びとの暮らしを補う空間さえ、都市には増殖し始めている。かつてホテルや商業空間が住戸に「引用」されていたのとは反対に、超高層マンションの空間テイストが近年、都市のオフィスやホテル、商業空間に逆輸入されている。たとえば一九九六年にスターバックスが日本に進出して以来、座りやすい椅子やゆとりのある空間を提供するカフェが増え、また二〇一三年に武雄《たけお》市の図書館がカルチュア・コンビニエンス・クラブの指定管理を受けるようになって以降、快適な滞在を売りとする図書館が人気を博しつつある。さらにハイブリッド車や電気自動車への移行や自動運転の普及によって、自動車にもより静寂で、安全な空間が実現されつつある。それを前提に移動することと休息すること、働くことが折り重なり、電車やタクシー、自転車などがシームレスにつながるモビリティ（ＭａａＳ）も期待されているのである。

超高層住宅を環の中心に置きつつ、現代社会にはこうして快適な空間が公私を横断してなめらかに接続されている。その重要な媒介項になっているのが、私的なものを求める消費である。適切な貨幣を支払うことで、他の身体を遠ざけた快適な空間を私たちは手にできるようになっている。たしかに超高層マンションを専有するためには多額の支払いが必要になるが、ホテルなら数万円、喫茶店なら一〇〇〇円程度払えば快適な空間を一時的にではあれ占有できる。それでも高いとすれば、最小限のプライバシーを確保できるネットカフェやシェアハウスなどの空間さえ都市には準備されているのである。

それらを例として、他者の干渉を受けない空間を探し求め、多くの人が転々としている姿を都市ではみることができる。コロナ禍ではこうしたプライベートな空間への要求水準がさらに衛生面からも高まりをみせた。もちろん格差はなお大きいが、私的に専有されくつろげる場がなければ、快適に暮らすことはむずかしいと考える人びとが都市に増加し、それが皮肉にもそこに暮らすためのハードルをますます上げ、都市居住のコストを高めているのである。

3　私を超える誘惑――スポーツ、ドラッグ

†スポーツという衝動

空間を私的なものに変え、親しみのない他者を排除する営みが、現代都市ではこうしてときには高価な代償を支払ってまで追求されている。とはいえ、私たちはかならずしもつねに自分自身であり続けることを望んでいるわけではない。他者に干渉されず、「私」らしくいられる空間は、場合によっては自分であり続けることを強制される牢獄《ろうごく》になる。だからこそ快適性を捨て、現在の自分以上の何かになろうとする衝動が現代社会ではしばしば観察されるのだといえよう。私自身であることを乗り越え、とくにそれを縛る身体を変えていくことがときに強く望まれているのである。

そうした試みのひとつとしてあるのが、スポーツである。近代以降、多くの人びとがスポーツをしたり、観たりすることに熱狂してきた。こうしてスポーツに大きな意味が割り当てられてきた理由として社会学はしばしば、それが近代社会で重視される「規律」や「訓練」の価値を体現しているためと考えてきた。

たとえば文化社会学者のノルベルト・エリアスは、暴力を規制し、文化を重んじる長い歴史的趨勢《すうせい》がたどり着いたひとつの頂点としてスポーツをみなしている。スポーツにおいては、直接的な血みどろの争いは禁じられ、あくまでルールに基づき、勝敗が定められる。だからこそ勝利のために己を律し身体を鍛える人格者として、アスリートは社会的に評価されてきたとエリアスはみるのである[23]。

他方、ミシェル・フーコーが主張した「規律訓練型権力[24]」の発動をスポーツに確認する者も多い。「自主的」に努力し鍛錬《たんれん》することを求める権力を具現化したものとして、スポーツは近代において尊重されてきた。学校教育や軍隊、医学を貫く規律訓練型の権力に人びとがみずから従うように誘導する手段として、スポーツは特別の役割をはたしてきたとされるのである。

†アスリートはなぜ消費されているのか?

こうした見方はなおまちがいとはいえないが、一方でそれに近年ほころびが目立ち始めていることも事実である[25]。商業主義やグローバリズムが拡大し、ますますスペクタクル化の傾向があきらかとなっているなかで、個人の「規律」や「鍛錬」を超えた次元へとスポーツは張り出し、それが魅力の中心に躍り出ようとしているのである。

たとえば日常的な身体運用とはまったく異なる水準で身体を管理する「他律」的な手法が、現代のスポーツではますます進化している。主体的な努力を超え、デジタル技術や場合によってはサプリメントや薬剤を併用したトレーニングが広まり、鍛錬はしばしば生理学や統計学を用いた集団的な作業に変えられているのである。

さらにそうして管理された身体を単位として、チームをマネージメントする手法や集団的な戦術もいっそう洗練されつつある。ランス・アームストロングを中心としたツール・ド・フランスの一大ドーピング事件や、二〇一九年のMLBでのサイン盗みの発覚は、スポーツが個人というより、すでにチームによって実行される複雑な戦術的挑戦の場になっていることを浮き彫りにした。スポーツがエンターテイメントに呑み込まれ、かけられる金が多くなっていくのに比例して、個人の直感や経験則を超えた戦術・戦略の重要性が増大し、これまでの常識やルールを破るさまざまな戦術が、場合によっては法の目を盗み、試されているのである。

スポーツをみることの楽しみも、それに応じて変化している。たとえばMLBでは、映画『マネー・ボール』(二〇一一年)に描かれたセイバーメトリクスと呼ばれる統計的技術の導入や、その後のビッグデータを用いたフライボール革命や変則的な守備シフトの採用など、あらたな戦術が次々と取り入れられている。そうした集合的で社会的な戦術の展開とそれをめぐる駆け引きを楽しむことが、近年スポーツをみるひとつの楽しみになっているのである。

プロスポーツに個人の主体的な訓練や努力を外れるこうした展開がみられるその裏側で、生涯スポーツといわれてきたような参加型の実践が静かに盛り上がりをみせていることも、スポーツを変える大きな力になっている。

筋トレやランニング、あるいは水泳などのいわゆる生涯スポーツの拡がりは、通常想定されるような個人の主体性の確立や健康を目標とした「規律訓練」の枠をしばしばはみ出す。それらのスポーツでもたしかに「練習」や「鍛錬」は積み重ねられる。ただし真剣に勝利が目指されているわけではないという意味で、それはしばしば「練習」や「鍛錬」しているいることのいわばパロディに陥っている。さらに結果だけみても、主体としての「成長」や健康の増幅に、それがどこまで役立っているかは疑わしい。生涯スポーツという穏やかな名の裏側で追求されているのは、自己の肉体を痛めつけ、または対戦相手を打ち破ることとよってテストステロンやアドレナリンを放出するといったむしろ中毒的な一瞬の快楽であるようにみえるのである。

それを端的に示すのが、筋トレブームの到来である。ゴールドジムやライザップの急成長、Testosterone の『筋トレが最強のソリューションである』(ユーキャン学び出版部、二〇一六年）の出版、ＮＨＫでの『みんなで筋肉体操』（二〇一八年）の放送開始などによって、二〇一〇年代のなかばより、筋トレが一般化し、大衆化し始める。ここでの筋トレは人格形成や別のスポーツのためのものではなく、自己目的的な、そしてそれゆえ「裏切らない」ものとして期待されている。だからこそそれは年齢、さらにジェンダーを超えた流行にもなっている。筋肉の鍛錬は、かつての三島由紀夫のように男性性の強化を目指すものではなく、身体をつくりかえることで一瞬の快楽を味わう、物資としての自己の身体により中立的にかかわる活動とみられるようになっている。そのおかげで筋トレはジェンダーを横断して女性誌でも取り上げられるような幅広い流行をみせているのである[26]。

以上のようにプロアマの垣根を越え、近年のスポーツは現在の身体を相対化し、流動化し、つくり直していく契機へと変貌しつつある。それを受け理想的なアスリートの像も変わった。たとえば二〇二一年、二二年にはＭＬＢで大谷翔平がそれまでの想像の枠を超えた活躍をみせたが、人びとがそこにみたのは、鍛錬によってライバルを倒す「努力する主体」ではおそらくない。そうして鍛錬する数多のライバルをはるかに超え、さらにはデータ分析によってなされる集団的な戦術を打ち負かす超人的なパフォーマンスに人びとは称賛を送ったのであり、つまり大谷は、これまで積み上げられた野球というスポーツの枠組みを超える怪物的な身体として人びとを魅了したのである。

ではなぜスポーツは現代社会において、個人の「規律訓練」をはみ出すものへと変貌しているのだろうか。その原因のひとつとして、マクロにみればスポーツが、個人的な生活の水準を超えた巨大なビジネス、すなわち資本主義の集団的な活動のなかに呑み込まれていることが見逃せない。多くの資本が流れ込み、多数の利害関係が複雑に絡み合うなかで、個人の意志や幸福といった水準からは捉えがたいものへとスポーツは変わっている。そうしてスポーツはいわば目にはみえない社会の動きを可視化し、経験可能なものへと変える装置として楽しまれているのである。

そのよい例となるのが、二〇二一年に開催された東京オリンピックである。それを目撃した者、誰もがスポーツが健全な身体や精神によって成り立つとはもはや信じられなくなったはずである。開催地の住民の健康に対する深刻なリスクと、それを懸念した民意の反対を犯しつつもおこなわれたその大会は、スポーツを取り込むグローバルな資本の運動、国家との癒着《ゆちゃく》がもはや止めがたいものになっていることを、良かれ悪しかれみせつけた。その意味でオリンピックは、スポーツをたんに身体や精神の健全な発達を担うものとみなすことに多くの人がためらいをおぼえる時代の到来を告げる大きな契機になったのである。

しかし逆にみれば、だからこそスポーツは一部の人びとからは熱狂的に愛好されているともいえる。スポーツは多くの資本を集めつつ、自分で自分を律する調和のとれた人間像を超えるための実験場になっており、その場で怪物的なアスリートは私たちのヒーロー、ヒロインとして次から次に「消費」されている。彼・彼女たちは、既成の道徳や倫理を踏み越え、身体の可能性を押し広げようとする冒険を孤独に続け、結果としてすぐに肉体的・精神的な破滅を迎え、表舞台から消えていく。しかしだからこそ私たちは次には異なる者がさらにあらたな「私」的身体の像を提示してくれるのではないかと期待し、アスリートに喝采を送り続けているのである。

†私を変える物質《ドラッグ》

スポーツにみられる自己という枠組みを超えるこうした逆説的な「私」的欲望を推し進めると、嗜好品やサプリメント、そしてドラッグの使用へと行きつく。現代のテクノロジーの発達を利用して、身体の制約を超え、それによって何らかの変化や陶酔感を味わおうとするという点では、アスリートとジャンキーの距離はみかけほど遠くない。スポーツは達成に比較的長い時間と金を必要とし、そのためたやすく真似ができるわけではないことで逆説的にも社会的に許容されているのに対し、ドラッグは誰もが容易に経験可能な対象として集団の禁忌《タブー》になっているにすぎないともいえるのである。

実際、スポーツと同様に、嗜好品やドラッグは近代の資本主義の成長と深くかかわり、発達してきた。たとえばデイヴィッド・T・コートライトによれば、世界各地のさまざまな嗜好品が一気に西洋になだれ込み一般化する「サイコアクティヴ革命」が近代には達成された[27]。習慣化しやすいドラッグや嗜好品には、安定した需要が見込める。だからこそ輸入販売業者や密売人はそれを競って販売し、他方で政府はそれを専売化しようと努めてきた。安定した収税がなおむずかしかった初期近代国家にとって、嗜好品やドラッグはしばしば貴重な収入源となったのであり、たとえば日本も明治期には自家醸造を禁じ酒税の賦《ふ》課《か》を強制し、それを日清日露戦争の財源の大きな部分としたのである[28]。

こうして国家や市場に後押しされ、近代において嗜好品やドラッグは純度の強化や、人びとの嗜好に応じた多様化を示していく。文化史家のシヴェルブシュによれば、一八世紀の都市で労働がより負荷の高いものになるのに応じて、アルコール度数の高い蒸留酒であるジンの流行がみられた[29]。同様に一八世紀の日本の都市でも、灘《なだ》の酒を代表としたより高純度の酒が流行した。祭りの場でのように集団で飲まれるわけではなく、個人の嗜好物として孤独に楽しまれていくなかで、より深い酩酊《めいてい》を誘うドラッグに近いものへと酒は変化していったのである[30]。

さらにタバコを容易に「消費」できるようにするためのシガレットの発明など、ドラッグを一気に身体に吸収し強烈な快楽や陶酔《とうすい》を求めることを促す「サイコアクティヴ」な文化が育っていった。

もちろん、あらゆる嗜好品やドラッグが政府によって許容されたわけではない。スポーツがある種の大衆的なナショナリズムとむすびつき拡がった一方で、嗜好品やドラッグは国家による監視や取り締まりをしばしば被っていく。コーヒーやお茶、タバコやアルコールなどの嗜好品はたしかに広く受け入れられたが、他方、大麻やマジックマッシュルームなどのソフトドラッグは国家によってしばしば管理され、さらに中毒性・依存性の高いコカインやモルヒネ、ＬＳＤなどのいわゆるハードドラッグは国家によって禁じられてきたのである。

その背後には、「健康」に生きることを人びとに強制する権力の稼働がある。どのドラッグを許可し、取り締まるべきかは、究極的にはその時々の状況によってしか決まらない。たとえば大麻とアルコール、どちらが危険であるかは、状況に応じて複数の回答ができるはずである。だが権力は恣意的に線を引き、その線を人びとが越えないように取り締まってきた。ドラッグはその意味で主体の「健康」が何を意味し、それをいかに実現するのかを権力が表明する重要な境界線になってきたのである。

こうした権力の動きのなかで、とくに大きな役割を担ったのが医者である。医者はいかなるドラッグや嗜好品に害があり、それを誰が使用でき、誰ができないかを定めるばかりではなく、特定のドラッグや嗜好品の流通を管理し、独占する主体になった。たとえば渡邊拓也は、近代において医者に薬として活用される有用なドラッグこそ強い取り締まりにあったと分析している[31]。効能が強い薬ほど厳格な管理が求められるという常識的な関係がみられただけではなく、「有益」なドラッグを管理し独占的に使用するために、医者は一般人によるドラッグの使用をむしろ制限してきたとされるのである。

この意味でドラッグや嗜好品の近代における流通や消費は、医者を中心とした医療化という権力の発達と深くかかわってきたといえる。ミシェル・フーコーの生権力論や、イヴァン・イリイチの医療化論を前提に、近代国家は成員の生命を管理し健康増大を目指す権力を作動させるとしばしば論じられてきた。医者は、こうした権力の稼働を支えるかなめの位置に座る。医学という専門知を背景として善き生が何で、そのために何を気遣わなければならないかを、医者は個人や集団に向けて指導してきた。ドラッグが禁止され、さらにそれを利用する者が非合理な選択をする者として道徳的に非難されてきたのは、ひとつにはそのせいである。医者に従わず、薬物をみずからの判断で消費することで、医者が示す「真理」に抵抗し、またそれゆえ国家が打ち立てた秩序に反抗する者として、ドラッグ使用者はしばしば迫害されてきたのである。

このことは、逆にドラッグや嗜好品の使用者が、その使用の経験を医者が近づけない私的な「真理」としてしばしば主張してきたことからも確かめられる。たとえばウィリアム・バロウズはその著名なドラッグ論で、「麻薬は酒やマリファナのような人生の楽しみを増すための手段ではない。麻薬は刺激ではない。麻薬は生き方なのだ[32]」と主張している。こうした見方からすれば、麻薬を主体から切り離し、客観的に語れるとみなす想定そのものがまちがいということになる。麻薬は主体に快楽や刺激をもたらすだけではなく、主体の意識の形式そのものを変え、だからこそ当事者ではないたとえば医者には接近不可能な、私的な「真理」をあきらかにするとされたのである。

†ドラッグストアの興隆

しかしドラッグや嗜好品を特権化するこうした見方は、ある意味では医療化を推し進める権力の構図をロマンチックに反転したものにすぎない。ドラッグが国家や権力に対するアンチテーゼとみなされることで、それらがつくりだす秩序を過大評価し、逆に固定化してしまっている向きがみられるのである。

その意味では医療化と対立させることを急ぐ前に、ドラッグや嗜好品と医学やそれを支える国家との関係の複雑さを、より具体的に解きほぐしていく必要がある。そもそもドラッグや嗜好品を使う者も、たんに医者を無視して、自己破壊的な快楽を求めているわけではない。癒やしや快楽を探求するという意味では、そうした者も医者に対抗しつつも、自分なりの「健康」を手に入れようとしてきたのではあるまいか。だとすればやり方や具体的な定義が異なっていたとしても、彼・彼女たちも医者・医学と同様に医療化の権力に従ってきたといえるのである。

実際、現代社会では、スピリチュアルやホメオパシーといった怪しげなやり方で、医者を疑いながらも、「健康」という目標そのものは受け入れようとする両義的な実践がしばしばくりかえされている。それと同様にドラッグや嗜好品も、医療化にたんに対立するのではなく、むしろ複雑に混じり合い、交差することで独自の消費の場をつくりだしているようにみえるのである。

それを大衆的な規模でよく示すのが、ドラッグストアの近年の驚くべきほどの成長である。一九九〇年代後半より、比較的割安の医療品を中心に、化粧品や日常的な衛生商品、さらに近年では食品や日用雑貨まで揃えるドラッグストアが全国的に拡大してきた。ドラッグストアのこうした隆盛は、ひとつには市場のデフレ化に呼応している。ドラッグストアは郊外の便利な場所でより安価な薬や化粧品を取り揃えることによって、街の商店街にあった小規模の医薬品専門店や化粧品専門店を駆逐してきた。南方建明《みなかたたつあき》(33)によれば、ドラッグストアは後者のような専門店の売上を奪い発展してきたのである。

ただし商品を安く売ることだけによって、ドラッグストアは人気を集めたわけではない。その成長を後押ししたのは、薬や化粧品、あるいはシャンプーや歯磨き粉など広い意味で個人の「健康」を気遣う日常的な習慣の拡大である。ドラッグストアは、薬だけではなく、シャンプーや歯磨き粉などサニタリー商品の品揃えをとくに充実させてきた。そうした商品の個人あたりの使用が増大したことに加え、日野眞克《まさかつ》によれば、たとえば一家のなかでも同じシャンプーや歯磨き粉を使わなくなるといった変化が注目される。(34) 自分の身体に直接用いる身の回りの品々に個々人がこだわりをみせる、社会学的には「個人化」と解釈される現象が進んでいくなかで、シャンプーなどひとつの商品であれ多様なタイプを揃えるドラッグストアが求められるようになってきたのである。

こうした「個人化」の傾向は、広義のドラッグに対して当てはまるだけではない。近年ドラッグストアでは、お菓子や冷凍食品などの食材も充実しているが、それらはファミリー向けというよりも、単身者や高齢者をおもなターゲットとしている。仕事が忙しく時間のない単身者、またそもそも量を必要としない高齢者世帯では、近隣にはないことが多く、その広さから滞在時間も長くなりがちなスーパーマーケットでの買い物は敬遠される傾向が強い。その代わりに、コンビニに比べれば安く、またスーパーマーケットに比べれば少ない滞在時間で食品を手に入れられるドラッグストアの人気が高まっているのである。

家族のなかでも個別化されたこうした身体への関心の高まりや、世帯のさらなる縮小傾向を追い風としてドラッグストアは興隆してきた。その意味でドラッグストアの繁栄を支えてきたのは、医者と協同的であるとともに、対抗的でもある私的な消費のゲームの活性化である。たとえばアメリカでは医師による処方を受けずに、ドラッグストアで自分で薬品を買うことが医療の実践として定着し、コロナ禍でもドラッグストアがワクチン接種の拠点になったとされる。日本ではさまざまな政治的事情が絡み、そこまでの展開はみられないものの、医療費の高騰を抑える目的から、近年では市販薬を中心としたセルフメディケーションが期待されているのである。

こうしてドラッグストアは、医者と競合するだけではなく、医者と同じく人びとの「健康」に奉仕しもする複雑なアクターとして医療化に関与してきた。貧困であるために医者に頻繁にかかれない者や、医者の治療に満足がいかない者、または医者にかからずいますぐに効果を手に入れたい者が利用するオルタナティブな「健康」の拠り所としての役割を、ドラッグストアははたしてきたのである。

この意味でドラッグストアの増加は、現代社会において「医療化」とは別に、薬物を用い自己の身体を管理する「薬物化」といってもよい実践がますます拡がっていることを照らしだす[35]。医薬品とよりハードなドラッグのあいだには、合法／違法、自己治癒的／自己破壊的といった社会的なちがいがたしかにある。だがこうした差異は、ある意味では「医療化」を推し進める国家の観点から恣意的に設定されているにすぎない。医者の権力に対抗し、あるいはそれをうまくやり過ごし、自己の身体の改善とある種の快楽を性急に求めるという意味では医薬品もドラッグも、消費者の側からみれば「薬物化」という同じトレンドのなかで消費されている可能性が高いのである。

以上まとめるならば、ドラッグストアの興隆は、「医療化」を回避した「薬物化」の実践が大衆的な拡大をみせることで実現したといえる。医者の手をできるだけ借りず、いわば「賢く」身体を管理するために、医薬品や健康食品が家族の枠組みさえ乗り越え、パーソナルなものとして求められる。安価かつ手軽に対処できるという意味ではデフレ的な「身体」管理とも呼べるそうした大衆的な志向を前提に、ドラッグストアは日本の津々浦々に増加してきたのである。

†かくも単純な快楽?

だとすれば、私的な欲望にかかわる消費の現在のひとつの断面として、医薬品やドラッグ、嗜好品の興隆を捉えることができる。歴史を大きく振り返れば、個としての私の身体を安楽に保ち、または快楽を味わう消費の自由は、これまで多くの社会で無制限に許されてきたわけではなかった。物理的にも一人部屋が備わる家は稀で、また共同体の掟が物理的には一人でいてもその行動をしばしば厳しく制限してきた。大金持ちや王や貴族も例外ではない。尋常でない致富《ちふ》をはたしたとされる大坂の淀屋が幕府によって取り潰され、フランス王の寝室が公的な意味を持つものとして政治の中心にあったとされるように、(36) 社会の上層であればあるほど、「公」的にふるまうことがしばしばより強く求められてきたのである。

それに対して現代では、自分自身の身体や精神のケアにかかわる多数の商品が提供され、私的に消費することが許されている。身体を変える化粧やファッション小物、さまざまな食感や味を楽しむことのできる食物から、「私人（プライベートパーソン）」のためのものであることに重きをおいた住戸、自己の身体や精神を可変的なものとするドラッグに至るまで、私であることにこだわり、あるいは私のあり方を変えることを促す、多様な商品が提供されているのである。

そうした商品を対象とした消費が、私であることの可能性をますます拡大している。そもそも資本主義は長い時間のなかで、私たちの感覚や感受性を微細化し、あらたな快楽や幸福を受け入れるように仕向けてきた。そのひとつのフロンティアとして、スポーツやドラッグ、あるいはファッションや化粧の助けを借りて、私であることの可能性が現在、拡張されているのである。

注目すべきは、こうした「私」であることの探求がいまではグローバルに拡大していることである。たとえば世界有数のファッションブランドのＺＡＲＡは、世界中に拡がる店舗でどんなファッションアイテムが流行するかに応じて生産計画を変えるのだという[37]。一年かけて商品を計画・発注し価格を下げそれを売り切るユニクロとは異なり、ＺＡＲＡではシーズンの当初には四分の一しか商品をつくらない。イスタンブールの店舗で流行った商品が増産され、すぐに東京でも売られるというように、世界のさまざまな都市でおこなわれた消費者の選択が瞬時に参照され、グローバルに飛び火していく。それを一例として、「私」らしくあることの探求は現在ではグローバル企業にも後押しされつつ、ナショナルな枠組みをたやすく超えて人びとの生活を突き動かしているのである。

ただし一方では世界中に連鎖するこうした私的な消費の拡大を、たんに個人の解放を示すトレンドとみることも危険である。人びとが自分の身体にこれほど深く情熱を注ぎ込み、消費をくりかえしているのは、むしろそれ以外の領域でその分、自由な消費が制約されているためなのではあるまいか。

たとえば社会における身体のあり方について研究したブライアン・Ｓ・ターナーは、ファッションや化粧、あるいはスポーツエクササイズなどの領域で、女性がますます消費に勤しみ始めていることはあくまで「擬似解放」にすぎないと注意を促している。[38] ターナーの見方によれば、この社会には家庭や職場などあらゆる場所で、男性支配の構造が根強く残っている。それを覆い隠し、代わりに自律性を一時的、擬似的に解放するものとして、身体にかかわる消費が女性たちに促されているというのである。

本書がみてきた私的な消費にかんしても、こうした「不自由」がむしろ土台となっている可能性を否定できない。化粧やファッションが女性たちにおいて特別な消費の対象になっているのは、それが女性たちに許された、数少ない自由な活動の領域だからなのではないか。自動車や家を買ったり、趣味に金を投じるといった他の消費活動を女性が主体的に参加することがなお相対的にむずかしいからこそ、身体を美化するという女性に求められてきた規範的な要求を隠れ蓑《みの》として、化粧やファッションが女性たちにさかんに消費されていると想定することは一理あることなのである。

女性だけではない。たとえばスポーツや筋トレに多くの男性が駆り立てられているのは、労働の場や家庭で自律性や男性性（masculinity）が脅かされているためかもしれない。またすでに指摘したように、別種の男性たちがオタク的商品に没頭し大人買いしているのは、デフレ環境下において、他の流行商品を満足に消費できなくなった代償である可能性が高いのである。

もちろんこうした理解がどこまで妥当なものなのかは、より詳細な分析に委ねるべきである。ただしジェンダーに加え、経済力や年齢など多様な社会的力が消費を分断し、独自のベクトルを付け加えていることを忘れてはならない。消費はたしかに一定の領域で人びとを自由にするが、その解放は別の領域で不自由がますます強まっていることを覆い隠す疑似餌（ルアー）にもなる。そうした複雑な社会関係のなかに埋め込まれているという意味で、消費をそれ自体として独立した活動とみなすマーケティング的な狭い檻に閉じこもっていてはならない。消費をあくまでひとつの社会現象として考えるならば、一部の商品が消費されることによって逆に何がおこなわれていないかを、より詳細かつ批判的に検討していかなければならないのである。

第四章

さまざまな限界

1　経済という限界

†不公平な配分

だがいずれにしても、消費は現在、①他者と競い合うコミュニケーションのゲームとしてだけではなく、②私的な快楽や幸福を終わりなく追求する実践として、無数の人びとにくりかえされている。

そのおかげでこれまで商品化の原理がなかなか及ばなかった分野にまで、消費のゲームが拡大している。教育や介護など商品となりにくかった対象が、その文脈から切り離され（＝離床化され disembedded）、販売されているのである。それに加え、空間的にみれば、消費社会化が西洋諸国だけではなく、アジア・アフリカなどに着実に及んでいることが見逃せない。自動車や携帯電話、または海賊版的な違法・脱法的商品の流通を促しながら、購買活動はたんに生活を潤すだけではなく、人が人として生きる自由と尊厳を支える欠かせない機会になっているのである。

だからこそ消費社会は端的には否定できない。そのことはくりかえし本書が指摘してきたことだが、とはいえ消費社会としてあるこの社会に問題がないわけではない。消費は生活に欠かせない役割をますますはたしている一方で、いくつかの難問をはらみ、場合によっては、それが消費社会の存続さえ危うくしている。社会が将来いかになるべきかという理想を考える上では、そうした問題をみてみぬ振りはできないのである。

消費社会の最初の、そしてきわめて大きな限界になるのが、消費にかかわる自由の配分である。消費は人びとがモノを選択し手に入れる自由を保証するが、そのためには当然、貨幣による支払いが必要になる。しかし貨幣は均等に配分されているわけではない。ピケティが指摘していたように、資本主義には富める者をますます富まし、貧しい者をますます貧しくする傾向がある。一パーセントの豊かな者の収入が総所得に占める割合は、たしかに二〇世紀中盤に減少したものの、米国や英国などのアングロサクソン国家では一九八〇年代に再び上昇し、一九三〇年代の水準にまで回帰している。日本ではそこまでではないものの、一九九〇年代には同じく格差拡大の傾向がみられ、豊かな者の所得が総所得に占める割合は、少なくとも一九五〇年代の規模に舞い戻っているのである（前掲図2）。

たしかにすでに確認したように、格差の拡大はすぐに消費の自由を台無しにしてしまうわけではない。デフレの到来が一〇〇円ショップでの「賢い」消費を活性化していったように、格差の拡大は商品の価格低下や多様化を促すことで、消費のゲームをにぎやかにもしてきた。

ただし格差が消費のゲームに参加さえできない者を増やすのであれば、やはり問題になる。何であれモノを買うことは、消費社会では、その人の尊厳を支える他に代えがたい契機になる。自分で好きに選択することは、その人の独自性や固有のライフスタイルを具体的に守る砦《とりで》になるからである。

資本主義のなかで自由な選択を許されていなかったり、またそもそも消費のゲームに参加さえできない人がいることは、それゆえ「公平（fair）」とはいえない。消費がますます重要な役割を担う社会で、自分の欲望や望みに対して配慮を受けず、そのため自分の居場所が充分に与えられないことをそれは意味しているためである。

†国家による是正

こうした不公平の増大に対して、是正が試みられてこなかったわけではない。それを担ったのが国家である。先にみたように、マルクス主義的にいえば、資本主義は過剰生産による購買力の不足という問題を潜在的に抱えている。二〇世紀社会は労働者の賃金を増やすことでそれに対応してきたとされるが、ただしそれは自発的に、また充分になされてきたわけではない。労働力が切迫した限定的な状況を除けば、個々の企業には賃金を上げる動機は乏しかったからである。

だからこそ国家はそれを補い、労働者の賃金を直接、または間接的に維持することに努めてきた。たとえばデイヴィッド・ガーランドによれば、一九世紀末から二〇世紀なかばにかけて労災保険や疾病、出産保険など所得保障を試みる制度が各国で整備されていく(1)。資本主義が拡大していくなかで、国家の手によって労働者の生活を保障することがまがりなりにもグローバルに一般化していくのである。

こうした流れは、二〇世紀なかば以降には、個々の企業の代わりに国が労働者の暮らしを担うことを目指す「福祉国家」へと結実した。ナショナリズムの高まりや、それを前提とした総力戦体制の確立にも後押しされ、程度の差はあれ、国民の生活を積極的に保護していくことを多くの国家が目標とし始める。他方、財政的にみればこの動きは、公共投資などへの支出を拡大することで完全雇用を目指すケインズ的財政政策の一般化と並行していた。国民生活を直接維持しようとするのか、または完全雇用によって間接的に大多数の国民の生活を安定させることを目指すのかというちがいはあれ、積極的に税金を投下して国民の生活を維持することを多くの国家が目標とし始めていくのである。

先にみたように、こうした国家の舵取りは二〇世紀の最後の四半世紀にたしかに広汎な挑戦を受けることになった。税収を増やし、その代わりに福祉に力を入れる「大きな政府」への志向は新自由主義的な思潮のもと否定され、代わりに民間セクターとの協力関係を前提に統治を実現する「小さな政府」が企図されていくのである。

ただしそれによって福祉国家的試みが完全に放棄されたわけではない。確認したように、新自由主義も国家を端的に敵視したわけではなく、むしろ利率や為替レートの操作、さらには一部の業界の規制緩和策などの手段を使って、自国のグローバルな経済的優位を確立しようと努めてきた。そうした枠組みのなかで経済を安定化させる最低限の装置として、社会保障制度はしばしば縮小が議論されながらも、なお維持されてきたのである。

実際、日本でも国家の介入によって所得格差はかなりの程度、改善されている。確認したように、平成の時代、不平等を表現するジニ係数は上昇し、所得の配分は世帯によってさらなる偏りを生んだ。ただしそれは税収や年金給付等の調整以前の話であり、再分配がおこなわれた後の数字をみれば、ジニ係数はかなり安定している（図20）。格差が拡大したことには、そもそも高齢化の影響が大きかったが、高齢者に対する年金を中心に多くの税金が投入されることで、全体としての平等はかなりの程度、維持されてきたのである。

†「脱商品化」という戦略

それを一例として国家による格差の是正は、たしかに一定の効果をあげている。ただし

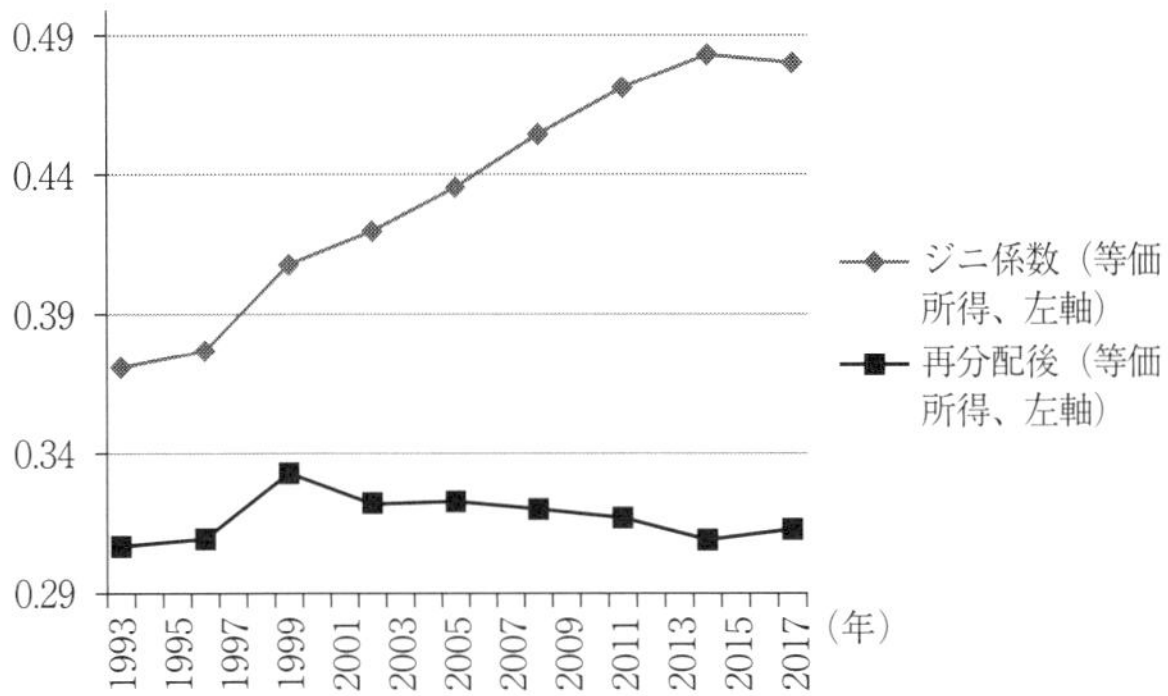

図20　ジニ係数、相対的貧困率（所得再分配調査より作成）

それによって、消費にかかわる「不公平」が縮小されているとは単純には考えられない。国家による格差是正の試みには、場合によってはむしろ「不公平」を拡大する面さえみられるからである。

ひとつの問題は、往々にして格差の縮小が「脱商品化」されたサービスの提供によって実現されていることである。とくに福祉国家は再配分を大きな使命とするが、集めた税金は直接、個人に還元されるわけではない。むしろ福祉国家は税金を学校や図書館、医療施設や福祉施設などの設立や運営のために用い、貨幣の支払いが必要ない脱商品化されたサービスを充実させようとする傾向が強いのである。

貧困への対処ということでいえば、これには当然メリットがある。それは収入や資産の差にかかわらず「平等」にサービスが利用できる状況をつくりだそうとするからである。

しかし消費のゲームにかかわる公平性という観点からみれば、それに逆効果があることも否定できない。第一に「脱商品化」されたサービスの充実は、市場を圧迫し、供給される商品の質と量を縮小してしまう恐れがある。脱商品化サービスが一般化すれば、それがかかわる市場は圧迫され、多様性は収縮してしまう恐れが強い。

一例を挙げれば、二〇二〇〜二二年におけるコロナ禍のなかで公立学校は充分な対応ができたようにはみえない。初期の対応において多くの学校は、生徒・学生を放置したまま休校し続けるか、または危険を顧みず対面授業を再開し子どもたちを大きなリスクにさらし続けた。問題は、にもかかわらず、それ以外の教育サービスを年少者またはその親が選択しがたかったことである。たとえば小学生の一人に対する公費負担の教育費は、二〇二一年には八八万二〇〇〇円になるとされている(2)。しかし現状ではその多くが学校制度の維持に費やされ、その他、民間の塾やフリースクール、オンラインでの学びなどに対する支援は圧倒的にかぎられている。そのせいで年少者やその親は、平常時・緊急時にかかわらず、学校以外の教育機会を選ぶことがむずかしくなっている。日常的にもたとえば四人に一人近くが私立中学に進学している東京区部を代表として(3)、公的な学校制度が充分に機能しているとはいいがたい。にもかかわらず、学校以外の教育市場への支援は少なく、そのせいで公的な学校教育以外の選択肢は、金に糸目をつけない一部の人以外には逆に選びにくくなってしまっているのである。

以上のように市場の多様性を縮小してしまうことに加え、第二に脱商品化された公共サービスには、使用者を受動的な利用者に変えてしまうという問題がある。市場に充分に選択可能な商品がなく、代わりにサービスの提供が公的に独占されている場合、使用者はたとえ不満を持とうとそれを選ぶほかなくなる。それが嫌なら、公的支援が乏しくそれゆえ高額になりがちな民間のサービスを選ぶか、サービスを諦めるしかなくなってしまうからである。

かつての介護サービスでは、こうした弊害が顕著だった。介護保険については後に触れるが、二〇〇〇年にそれが導入される以前、介護は家族がおこなう義務、またはそれを補完する行政の一方的なサービスにとどまり、介護を受ける者の声を掬《すく》い上げ、それに対応する回路は充分開かれていなかった。家族が介護を担う場合、被介護者が対等な立場から種々の要求をすることはむずかしく、他方、行政が介護を担う場合も、特別養護老人ホームなどへの入所は被介護者の権利としてではなく、あくまで例外的かつ恩恵的な行政処分として実施されていたにすぎなかったのである。

それを一例として、脱商品化されたサービスでは利用者のニーズがなかなか届かないことに加え、第三に脱商品化されたサービスでは、政治的な力を持つ特定のグループに有利なシステムがしばしばつくられてしまうという問題がある。たとえば国や自治体がおこなうサービスが高齢者層に対してしばしば手厚くなっているのは、突き詰めていえば、投票率が高く、また地方議員に陳情するための時間が豊富だからなのではないか。高齢者に対するサービスばかりが充実しており、一般の勤労者へのサービスが手薄な自治体が多いが、こうした結果は現行の「民主主義」のシステムでは避けがたいといえる。

さらに公的支出のシステムは、社会的に恵まれた者をより優遇する仕組みとしてさえしばしば機能してしまう。たとえば図書館や芸術施設、大学などの利用者には高所得者が多く、そのため富裕な者をさらに有利にする効果を伴うといわれるが、既存の体制のなかではその価値は疑われにくいものになっている。

以上、脱商品化されたサービスは、消費の「不公平」を解消する手段としてはさまざまな限界があるといわざるをえない。それが人びとを「豊か」にすることに形式的に寄与していることは認めよう。ただし個人が選択し消費する具体的な権利に関していえば、選択可能性を増大させるどころか、しばしば逆効果さえ及ぼしてしまうのである。

こうした問題が生じるのは、根本的にいえば、サービスの脱商品化が使用者からみずからが選択し決定する力を奪うという副作用を招いてしまうからである。福祉国家は、個人の選択以上に正しい判断を国家やそれを司る官僚や政治家が下すことができると仮定し、だからこそ購買力を個人から掠《かす》め取り、国家であれ、ＮＰＯであれ、別の主体に再配分する。結果として、サービスを選択する権利はむしろ貧困者から奪われる。富裕層が私立の中学高校を選択する一方で、貧困層が公立の学校サービスを受け入れざるをえない教育の現状がよく示すように、多くを払う余裕のある者はなお個人的な消費を選択できる一方で、貧困層は脱商品化されたサービスを否応なく引き受けるしかなくなるからである。

　公共サービスにかかわる以上のような問題は、もちろんこれまでも議論されており、それを克服するためのアプローチも工夫されてきた[4]。その最大の例が「準市場」と呼ばれる一定の市場原理を持ち込んだサービスで、その代表が日本では介護保険制度である。二〇〇〇年に始まった介護保険制度は、サービス享受者に購買力を保証することで介護市場を拡大することに大きく貢献してきた。介護を受ける可能性のある者として中高齢者を保険に加入させた上で、その保険料と税金を財源とする給付金が介護費用に補填《ほてん》されるシステムがつくられる。そのおかげで介護は、かつてのように家族によってなされる義務や行政による恩恵ではなく、「消費者」が選択する商品へと再編されたのである。

　結果、被介護者はまがりなりにも「消費者」へとエンパワーメントされたといえる。被介護者もあるサービスに不満があれば、別のサービスへと乗り換えられるようになったのだが、ただし介護保険制度のすべてがうまくいっているわけではない。最大の問題は、被介護者の「消費者」としての能力が、有権者、国、自治体によって定められる複雑な政治的妥協の産物にとどまっていることである。特別養護老人ホームの待機者が多いことがたびたび問題化されるが、そのおもな原因は、①運営コストや建設費を抑制するために、自治体や国が施設の設置を渋ってきたことに加え、②介護サービスに従事する職員が不足していることとされている(5)。前者はいうまでもなく、後者も結局は予算の限界という問題にたどり着く。介護市場への資金流入が足りないせいで、充分なサービスの提供や労働環境の改善がむずかしくなっているのであり、この状況を変えるためには、介護保険の給付を増額せざるをえないが、それを実現するためには保険料を増大させるための複雑な政治的関係の調整が必要になるのである。

こうした介護保険の現状は、福祉国家の脱商品化された市場を「準市場」化する試みに、可能性だけではなく、限界があることを教えてくれる。根本にあるのは消費者にいかに購買力を保証するのかという問題だが、現状ではそれにはっきりとした解決策があるわけではない。そもそもこれまで供給されてきた脱市場化されたサービスには、納税者やサービスを受ける当事者、サービスの供給者や監督省庁など、多くの既得権益者がかかわってきた。その利害関係を調整し、利用者を「消費者」として確実にエンパワーメントしていくことには、かなりの困難が伴うのである。

†直接給付という恣意

他方、格差を是正する第二のやり方として、直接給付の場合も問題は大きい。これまで国家は脱市場化されたサービスを提供するだけではなく、直接貨幣を給付することによっても格差の是正に努めてきた。

年金給付や生活保護を代表とするこうした給付が貧困の解消に役立ってきたことはいうまでもない。とはいえ資格・条件による限定をつけることで、直接給付が貰える者とそうでない者とのあいだに「不公平」がしばしば生じてしまうことも事実である。たとえば年金の場合、世代間格差や婚姻関係の有無による給付の格差が議論の対象になっている。なぜ先に生まれた者は多く年金を貰い、遅く生まれた者は負担が大きくなるのだろうか、またサラリーマンの主婦だけになぜ年金が優遇されるのかといった問いには、突き詰めれば合理的な答えはなく、ただ政治的な恣意によって決まっているというしかないのである。

他方、生活保護の場合も、給付の資格・条件を問う「資力調査」が求められることで、給付の有無はしばしば官僚や政治家によって恣意的に決められてきた。たとえば財政に不安を抱えた自治体が生活保護の給付資格を厳しく運用するせいで生活保護の枠が狭められているど批判されているのである。

財政の問題からだけではない。給付がときに厳格に審査されているのは、給付者に世間から厳しい目が向けられているからでもある。二〇一二年には有名タレントの親が生活保護をもらっていることが判明し、バッシングを受けた。生活保護が一部の人に与えられる特権とみられがちな現状では、誰にどれだけ給付され、さらにはそれが何に使われているかがしばしば厳しく問われてしまうのである。

以上のように直接給付は政治的な決定によって左右されるが、他方ではだからこそ新自由主義的国家はそうした手段を好んで利用してきたといえる。新自由主義的国家も生活保護を含め、さまざまな直接給付をおこなっているが、それはセーフティネットを充実させるために実行されているだけではない。たとえば日本では公共事業費、中小企業、農業対策費などの名目で、利用者を限定した所得補償といった面が強い多くの金が使われている。こうした直接給付が好まれるのは、厳しい審査によって給付総額を限定できるからだけではなく、特定の政治的、経済的体制を実現するアメとムチにそれがなるからであることは否定しがたいのである。

身近な例では、二〇〇八年より実施されている「ふるさと納税」という仕組みがそうだろう。税金の実質的な還付をおこなうことでそれは富裕者に利益の多いシステムとして批判されているが、まさにそのためにこそ一部の人に好意的に受け入れられている。それは富裕者を既存の政治体制に取り込むと同時に、「地方創生」という名のもとに地方の一部の企業へ利益を誘導する道具になってしまっているのである。

それを一例として新自由主義的国家はさまざまな給付制度を、経済発展の達成とさらには人びとを支配する手段として利用している。そのため直接給付は個々の場合には、格差是正に役立つこともあるとはいえ、総体として消費の「不公平」を充分に解消するものにはなっていない。直接給付は政権に近い者たちの消費の自由を拡大し、そうでない人を放置することで、逆に消費の「不公平」を人為的に拡大する手段にさえなっているのである。

†「不公平」の拡大

消費のゲームにかかわる「不公平」は、この意味で現在に至るまで充分に対処されているとはいいがたい。ただしそれは国家を運営する人びとの能力のなさや政治的姿勢に由来するというよりも、根幹的には格差を是正するために、国家は私的消費の権利を取り上げざるをえないという、より構造的な条件に基づいている。国家は多くの税金を徴収し再配分を強化することで、経済的な平等を少なくとも一定程度は改善する。しかしだからこそ同時にそれは国家の力の拡大と、私的な消費の制限という「逆効果」を生む。国家は格差を是正するために、消費する権利を私人から取り上げるが、それを誰のためにどう使うかは、最終的には国家の決定に委ねられ、そのせいで消費の権利にあらたな「偏り」を発生させてしまうのである。

結果として消費社会に対する不満も大きくなる。誰かが私的な消費を追求している姿を目撃しながら、自分がそうできないことを受け入れることは容易ではないからである。そのため消費社会に代わるコミュニズム的なオルタナティブな社会をつくるという声もときに湧き上がるのだが、ほとんどの場合、それは現実から目をそらし、ユートピア的夢想に浸《ひた》るだけのものとして終わるか、さもなければかなり悲惨な社会を実現する計画になってしまう。再配分によって消費社会を制限する力を国家により多く保障すれば、政治家や官僚の力を増大させてしまう。その一方で、共同体的な再配分に期待する場合には、民主主義的な方式によって選ばれたわけではない誰か（または集団）に決定を委ねるという、さらに悪夢のような問題を生んでしまうためである。

だとすれば、直接、間接的な福祉の拡充によってすぐに問題が解決できるわけではないことをまずは率直に認めたほうがよい。その上で消費社会にいかなる限界があり、ではそれをどう変えることができるのかを根気強く探らなければならない。消費社会をただ敵とみて攻撃しても問題は解決されない。消費社会について充分に深く考えることだけが、現在の袋小路から抜け出すおそらく唯一の道になるのである。

2　環境という限界

†環境破壊は何をもたらすか？

消費社会は消費のゲームから一定の人びとを排除することで、不公平を増大させる。これはもちろん深刻な問題だが、ただしそれによって消費社会がただちに解体されるわけではない。

他方、より直接的で、緊急な対処が求められる課題もある。それが地球環境の破壊である。資本主義はそもそも環境破壊を抑止しがたい構造のなかで動いている。資本主義は無際限な利潤の追求を促し、だからこそ企業も地球環境に有害な手段をあえて利用し、逆に商品生産がもたらす外部コストの負担をできるだけ避けてきた。たとえば自動車は二酸化炭素の排出のみならず、危険性の増大や騒音、都市の空間の占領など、数多くのいわゆる「社会的費用」を発生させる。けれども自動車製造会社はそうした外部コストを引き受けようとはせず、むしろ各個人や国家にその尻拭いを押し付けてきたのである。

こうした「社会的費用」のなかでも近年もっとも懸念されているのが、二酸化炭素排出の増加である。いわゆる後進国にも及ぶ大量生産と大量消費の拡大は、二酸化炭素の排出量を飛躍的に増大させ、そのせいで地球温暖化が進展し、経済のみならず、人間の生活環境さえ危険にさらしているといまではさかんに主張されているのである。

その主張は、おそらく正しい。たとえば二〇二一年に出された『気候変動に関する政府間パネル（IPCC）第6次評価報告書』[6]でも、近年の気候変動が人為的なものであることが、これまで以上に強調されている。以前は「可能性が高い」などと警告されていた気候変動への「人間の影響」が、「疑う余地がない」断定的な事実としていまでは主張されているのである。

より詳しくみれば報告書は、人間の経済活動によって「大気、海洋、雪氷圏及び生物圏において、広範囲かつ急速な変化が現れている」と分析している。それが以降も続き、「向こう数十年の間に二酸化炭素及びその他の温室効果ガスの排出が大幅に減少しない限り、21世紀中に、地球温暖化は1・5℃及び2℃を超える」とされているのである。

科学的事実が修正され続けていくものである以上、こうした予測も確実なものとはたしかにいえない。実際、これまでも予測は、（多くの場合、悪い方向にだが）くりかえし変わってきた。だがだからといって気候変動が起こらないほうに賭けることは、かなりのリスクを伴う。ウィリアム・ノードハウスによれば、私たちは「気候カジノ」と呼びうるかなり危険な賭けを続けている(7)。気候変動の確率がたとえ低くとも、起こりうる被害が甚大であれば、リスクは莫大なものになってしまうためである。

　そして実際には不幸にも気候変動は起こる確率が高いだけではなく、被害もかなり大きなものになると見込まれている。ノードハウスによれば、たとえば西暦二一〇〇年までのあいだに一八～六〇センチメートル程度の海面の上昇が予測されている。それによって地球の大部分が水没するわけではたしかにないとしても、島嶼《とうしょ》国家やバングラデシュ、オランダのような沿岸部に位置する国家は破滅的な影響を被ることになるとも考えられる。また一・五～四度の気候の上昇も避けがたいとされている。それが生じた場合、風水害が巨大化することに加え、農業は壊滅的な被害を被り、さらにはあらたな疫病の拡がりなどさまざま損害を生むと推定されているのである(8)。

　もちろん事態は複雑であり、最悪の結果だけを強調すべきではない。たとえば気温の上昇は、寒冷な地域では農作物の作量を増加させる可能性がある。またそもそも長期的にみれば地球の気候の変動はかなり激しく、それを踏まえれば今回の人為的な気候の変動も例外的なものとはいえないのかもしれない。

　それでもなお問題は残る。中心にあるのは、ここでも格差である。富んでいる国や人びとは、被害に対してたしかに一定の対処ができる。たとえば風水害の増加に対しては大堤防をつくったり、居住地域や生産拠点をより高緯度地帯へ移すという対策が議論されている。だが貧しい国や人は同様の対策をとりがたい。そもそも貧困な国が多い低緯度国で被害が大きいと見込まれていることも合わさって、気候変動は貧富の差をさらに拡げてしまうと危惧されているのである。

こうした問題の大きさから、二酸化炭素排出を減らすために経済活動を抑制することはいまでは避けがたいミッションとして多くの人に認められている。たとえば、二〇二〇年に中国、二〇二一年にアメリカが、排出と吸収での総計のゼロカーボンを目指すカーボンニュートラル政策を掲げたことがはずみとなって、二酸化炭素削減は実現すべき目標として世界的に一気に受け入れられた。日本でも二〇二〇年に菅首相が二〇五〇年までにカーボンニュートラルを目指すことを宣言している。掛け声に終わる不安もあるが、二酸化炭素排出を削減しなければならないことは世界的な潮流として、少なくとも建前としては認められているのである。

†あらたな技術の困難

しかしではどうやって二酸化炭素を削減すればよいのか。残念なことにそれについての見通しが充分に立っているわけではない。ひとつにはあらたな技術の開発が進めば、すぐに問題が解決されるとはなお考えられないからである。

こうした技術としては、発電所や工場から二酸化炭素を回収し地下に埋めるCCSといった比較的現実味のあるものから、人工火山を噴火させたり、空気中に極小粒子を振りまくなど大規模な環境改造によって気温の低下を目論むものまで幅広く期待されている。だがそれらの技術にはなお不確定な部分が残る——ポン・ジュノ監督の映画『スノーピアサー』(二〇一三年)では気温の加工に失敗し凍りついた地球が描かれていた——ばかりではなく、実行するための経済的、政治的なコストも大きい。たとえば炭素を地下に貯蔵するCCSの技術もコスト面や貯蔵場所の問題から、大きな成果を期待することはむずかしいといわれている。[9]他方、火山を噴火させ地球の温度を下げるといったより大規模な手段は、寒冷国にはデメリットが大きいという意味で、あらたな紛争の火種を生む危険さえ想定されているのである。

だとすればあらたな技術の開発だけに、期待を託すわけにはいかない。二酸化炭素排出削減のためにはまずはより現実的に、太陽光や風力、地熱などの再生可能エネルギーを大幅に導入し、火力や石炭を用いた発電に置き換えていくしかないだろう。

実際、その導入が世界規模では驚くべきスピードで進められている。そのおかげで再生可能エネルギーを電力需要の基盤を担う主力の電源とみなすこともいまでは荒唐無稽《こうとうむけい》な話ではなくなりつつある。発電の相対的な高価さや自然に依存したその不安定さから、かつては風力や太陽光は石炭や石油発電を補う二次的な手段でしかないと想定される場合が多かった。しかしこうした「常識」は、世界的にはすでに否定されている。再生可能エネルギーは、安価かつ追加の発電コストがきわめて安い、場合によっては「フリー」の電源とさえみなされつつある。それらを大量かつ計画的に配備し、また地熱や太陽光などの方法と組み合わせ、さらに揚力を使った蓄電などを活用すれば、必要とされる発電量を充分にまかなえると期待されているのである。

なかでも注目を集めているのが、風力である。発電可能な最大量を示す設備容量でみると二〇一八年の時点ですでに風力発電は世界的には原子力発電の一・五倍以上に達している。もちろんこれはあくまで二四時間稼働できた場合の想定値にすぎない。ただし実際の発電量でみても風力は原子力の半分の量に迫っている。たとえばデンマークにかぎれば、年間消費電力の総計の五〇パーセント近くを風力発電が供給できるまでに成長しているのである。(10)

風力発電が可能な土地には一定の制約があり、国土の狭さから日本ではそれほど期待できないとみる者もいる。とはいえさまざまな政治的な事情から、適した場所にさえ風力発電がなお建てられていないというのが日本の現状である。洋上を含め、技術的に導入可能なポテンシャルのある場所にすべて風力発電を設置した場合、二〇一九年の年間総発電電力量一二二二テラワットの三倍を超える、三九八二テラワットが風力だけでまかなえるとさえ期待されているのである[11]。

もちろんこうした数字は机上の推定にとどまり、現実的にはクリアすべき技術的、また政治的問題――とくに原子力や石炭発電の既得利権にかかわる――も大きい。さらにもし大幅な再生可能エネルギーへの発電の転換が実現されたとしても、それだけでゼロカーボンが達成されるわけではない。二酸化炭素の排出総量のうちいわゆる発電所から放出されている割合は、現在の日本では三九・一パーセント（エネルギー転換部門）にすぎない。二酸化炭素排出を許容範囲におさめるためには、運輸で使用されるエネルギー（運輸部門一七・九パーセント）、また工場等で使われるエネルギー（産業部門二五・二パーセント）にも変換を促す必要がある[12]。だがとくに後者は容易ではない。たとえば現在、鉄の製造のためには高温を出すことができる石炭（コークス）が使われ、大量の二酸化炭素が排出されている。代わりに製鉄に水素を用いるなど、実験室段階ではあらたなテクノロジーが期待されているが、産業的な実現には課題が山積みなのである[13]。

付け加えるならば、温暖化を押し進めているのは、二酸化炭素の排出だけではない。メタンガスも六分の一近く温室効果の原因とされるが、日本では稲作と家畜飼育からそれはおもに排出されている[14]。温暖化対策のためには、そうした第一次産業に対しても変革が迫られているのである。

再生可能エネルギーへの転換による温暖化対策は以上のようにけっして容易ではないが、さらに消費社会の構造がその達成の邪魔をする。二酸化炭素削減に対する努力は、消費社会のなかではかならずしも有効には働かず、ときには逆効果さえ生みだすと想定されているからである。

まず一般に、個々の商品を二酸化炭素排出の少ないものに変えたとしても、全体としてどこまで効果が積み上がるかは疑問とされている。「エシカルな消費」、あるいは「エコ消費」と呼ばれるような環境負荷の低い商品の消費は、たとえ個別には効果があったとしても、総和として影響を及ぼすにはしばしば充分ではない。一例としてスーパーで貰っていたビニール袋を一〇年間、毎日九三枚拒否したところで、イギリスから香港への一回のビジネスクラスの旅行で台無しになるといわれている[15]。個々人のミクロな対策は、倫理的には意味があっても、総和としての効果は乏しい場合が多いのである。

さらにそれだけではなく、個々の対策が進み、地球にやさしい商品が出回っても、そのせいで逆に消費が拡大し、いわゆる「リバウンド効果」を生んでしまう恐れがある。たとえば電気自動車の製造には現在ではなお多大な二酸化炭素放出が伴うとみられており、SUVなどの大型車でなければ、車を買い換えずにガソリン自動車を丁寧に乗り続けるほうが環境には優しいとみられている[16]。にもかかわらず買い替えが促進されれば、総計としての二酸化酸素の排出はかえって増大してしまう可能性が高いのである。

製造段階においてだけではなく、個々の商品の使用に際しても同様のメカニズムが働く。電気自動車に乗り換えたとしても、その分、自動車が安心してより多く利用されるようになれば、二酸化炭素排出は逆に増大してしまいかねない。実際、燃費の向上に伴い、自動車の走行距離が伸びるという現象が広く知られており、たとえば日本でも阿部達也らは三大都市圏を除く地方部では燃費の向上に応じリバウンド効果がみられることを確認している[17]。自動車に乗る機会がかぎられた大都市部はまだしも、地方部では燃費の効率化に応じ三四パーセントの走行距離が伸びるというのであり、さらに長期的には、住居や職場を遠隔に移すことで、燃費の向上は二酸化炭素削減に対する効果をいっそう限定的なものにする可能性が高いとされている。

こうした自動車の場合を一例として、環境負荷の低い商品の消費が総体としての二酸化炭素削減に繋がりにくいのは、ひとつには「グリーンウォッシュ」とときに非難されるように、「環境に優しい」商品と認識されることで、消費に対する抵抗や罪悪感が洗い流されてしまうからである。個々の商品がこれまでよりも環境にもたらす被害が少ないとすれば、なぜ消費を増やしてはいけないのか。それに答えることは、たしかにむずかしい。

実際、筆者の調査でも、「地球温暖化が心配だ」という人は、「一〇〇円ショップによく行く」「ブランド物を買うのが好きだ」という問いに前者は五二・三パーセント、後者は二八・一パーセントで統計的に有意（前者は一パーセント水準、後者は五パーセント水準）に肯定的に答えている（図21、図22）。こうした結果は、通常想定されるように、地球環境に関心を持つ者がかならずしも買い物を抑制しているわけではなく、逆に一〇〇円ショップでエコバックを買ったり、エコな意識が高いとされるブランドものの商品を好んで買う者も多いことを示唆している。地球環境に優しい商品は、「賢い」または「正しい」消費をおこなうための積極的な誘因になることが多く、そのせいで購買が増加するなら、個々の商品がいくら環境に優しくとも、逆効果を生んでしまう可能性が否定できないのである。

再生可能エネルギーへの転換は、消費のリバウンドをさらに大規模なかたちで引き起こす危険がある。再生可能エネルギーの浸透は、電力創造においてカーボンをほとんど排出しないばかりか、追加コストがゼロに近づく夢のような世界をたしかにつくるかもしれない。しかしこれまで以上にクリーンで安価なエネルギーが利用できるならば、なぜ電力をよりいっそう使って生活を豊かにしたり、より多くの商品を生産したりしてはならないの

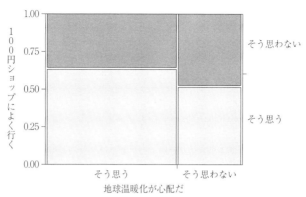

図21　「地球温暖化が心配だ」と「100円ショップによく行く」者のクロス

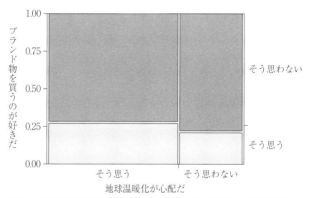

図22　「地球温暖化が心配だ」と「ブランド物を買うのが好きだ」のクロス

だろうか。実際、地熱発電がさかんなアイスランドでは、ほぼ一〇〇パーセント再生可能エネルギーによる発電への切り替えに成功したが[18]、そのために電力消費が急増することになってしまった。これは個人利用の増加によってではなく、大量に電力を必要とするアルミニウム産業の勃興によるものとされている――二〇〇六年で電力消費の五一パーセントを占めていた[19]――が、いずれにしてもアイスランドでは、二〇〇〇年代中頃より一人あたりの電力消費量は世界一となるまでに増大したのである。

アイスランドだけではない。家庭の家電使用から産業的利用に至るまで、エネルギー料金の下落によるリバウンド効果がグローバルに確認されており、とくに発展途上国ではそれが激しいとされている[20]。発展途上国では、エネルギーに対する需要はなお充分に満たされておらず、そのためエネルギー単価が下がればその使用も増加するとみられているのである。

もちろん安価な再生可能エネルギーの普及には、デメリットがあるだけではない。それはアイスランドのように大量に電力を使う産業の成長や、豊富に電力を使うたとえばデジタルトランスフォーメーションの進展につながり、さらにエネルギーの自給という日本の悲願を達成させてくれるかもしれない。

これはたしかにあかるい未来だが、ただし総合的にはカーボンニュートラルをむずかしくしてしまう恐れがある。たとえ完全に再生可能エネルギーによる発電が可能になったとしても、発電設備の製造・維持に伴う二酸化炭素排出はゼロにならず、さらに商品の製造過程でさまざまに生み出される二酸化炭素排出を削減することは困難だからである。

結果として、総体としてのカーボン排出の削減効果は限定的なものにとどまりかねない。もちろんカーボンニュートラルの推進は、二酸化炭素排出の抑制だけではなく、森林の拡大や地下への二酸化炭素の貯蔵などによっても可能である。ただしそれに大きな効果を期待しすぎることは禁物である。現在日本では森林による炭素吸収は排出される炭素の四パーセント程度にすぎず、植樹された木々の老化によって今後この数字はさらに減少すると予想されている。また炭素を地下に貯蔵するCCSの技術も、コスト高や貯蔵場所の少なさから、他国のシナリオをみればせいぜい一〇パーセント程度の炭素吸収を可能にするにとどまるとみられており[21]、結局、残りの八割強の二酸化炭素排出を削減しなければカーボンニュートラルは達成できないことになるのである。

†「規制」というやり方

以上から再生可能エネルギーを中心とした技術革新が進むことで、すぐにカーボンニュートラルが実現されると安易には期待できない。再生可能エネルギーやCCS技術への期待の大きさは、それらが私たちがいま送っている暮らしをそのまま変えないことを許容するものであるからという部分が大きい。しかし将来技術革新が進むことに希望を託し何もしないでいることはリスクが大きすぎる。その意味でカーボンニュートラルを実現するためには、結局、生産や消費にかかわる私たちの日常生活を少しずつでも変えていかなければならないのである。

そのために、大きく分ければ二つの道が考えられる。ひとつは生産・消費に対して国家が今まで以上に規制を強めるというハードな道である。たとえばガソリン自動車に対しては、多数の国家ですでに厳しい規制が計画されている。日本ではどこまで厳密に規制されるかはなお未知数だが、いずれガソリン自動車の製造と購買がグローバルに制限される時代が来ることはまちがいない。

それを一例として温暖化対策のために、製造過程で二酸化炭素を多く排出する製法を禁じるだけではなく、二酸化炭素排出が多い商品やサービスの使用を制限することがしばしば検討されている。たとえばフランスではすでに、二時間半以下のフライトの禁止が検討されている。[22] 二酸化炭素排出がより少ない鉄道を使うことが求められているのだが、カーボンニュートラルを目指すならば、日本でも短距離航空路線の規制は議論されざるをえないだろう。

こうした規制は、たしかに一概に反対されるべきものではない。温暖化対策が消費を拡大してしまうリバウンド効果も考慮しつつ二酸化炭素削減を押し進めるためには、より大規模な、また厳密な規制がたしかに必要になるからである。

ただし規制に副作用がないわけではない。ひとつに経済的成長とのトレードオフをどう考えるのかという課題がある。規制を推し進め、そのせいで経済成長が抑制された場合、成長の果実を未来の人類から奪うことになりかねない。たとえばノードハウスは、今後二〇〇年、経済成長がそのまま続くとすれば、一人あたりの消費支出は一三万ドルを超えるはずだが、充分な環境保全のために経済成長を抑えた場合、一万ドル程度にとどまると試算している[23]。私たちはしばしば将来世代のために地球環境を保護すべきと主張するが、こうした経済的コストと、それが健康、教育の拡大といった果実を奪うことを考慮に入れれば、地球環境の保護がどこまで将来世代のためになるかについては、より慎重な議論が必要になるのである。

にもかかわらず未来は複雑で予測しがたいという意味で、最終的にはどこかで妥協せざるをえない。そのせいで地球環境保全のための規制が、国家による恣意的な権力発動の機会となるという第二の問題も生じてしまう。現在までのところ、気候変動対策の多くは国を単位として実行され、そのために往々にしてナショナリスティックな関心の対象にとどまっている。中国やアメリカが国是としてカーボンニュートラルを掲げたことになかば引きずられ、日本でも国家主導による改革や規制への期待が高まっている。カーボンニュートラル政策が技術革新を伴う成長市場となると予測されていることもあり、規制は国家成長の機会とさえみなされているのである。実際、書店には近年環境問題を扱う本が数多く並んでいるが、それらの本は、二酸化炭素削減をビジネス機会としていかに活用し国家の経済を成長させるのかという観点から書かれている場合が多い(24)。

それらを例として環境問題は、国家の経済的力と権威を高めるものになると皮算用されている。地球環境問題だけを考えるならば、エネルギーの自給ではなく、国家を超えてエネルギーを融通し合う体制の構築こそより望ましいはずである。しかし現在までのところカーボンニュートラル政策は、それがどう企業を潤し、最終的にどう国力を高めるのかをおもな論点として検討されており、その枠を超えた議論は少なくとも日本国内では活発にはなされていないのである。

だからこそ気候変動のための規制は、商品の流通・販売をコントロールすることに抵抗の少ない福祉国家だけではなく、皮肉にも経済成長を根本的な目標とする新自由主義的国家にも受け入れられつつある。それが経済成長の起爆剤になると期待されていることに加え、そもそも規制そのものが新自由主義的国家にとって経済と政治を支配する重要な手段になるからである。たとえば自動車産業のように、気候変動対策という名目のもと、国家のさじ加減次第で盛衰が決められようとしている産業もある。それを一例として、温暖化対策は、国家の決定に従わなければ生き延びることをむずかしくするという意味で、民間企業を国家により接近させ、両者が緊密に結びついた体制を出現させてしまう傾向が強い。

その代表が国是として二酸化炭素削減に取り組み始めた中国だが、SDGsを初等教育の場にまで進出させている日本も例外とはいえない。環境保護のための規制が自明のものとされつつあるなかで、国家の役割はますます大きなものになっている。だがそれは消費者の自由を制限するという弊害を伴う。規制が産業構造を左右する以上、国や企業の思惑で良かれ悪しかれ商品の多様性や買い物の自由は制限されてしまいかねないためである。

†ソフトな誘導

ただし気候変動は規制というハードなやり方だけによって対処されているわけでも、またそれで充分に効果があがっているわけでもない。反対が多ければ骨抜きにされるという意味で、上からの規制には限界がある。それを補う手段として現在、世界的に模索されているのが、より誘導的なやり方である。市場を利用して生産や消費を操作するよりソフトな仕方で、カーボンニュートラルの実現が目指されているのである。

なかでもまず期待を寄せられたのが、「排出権取引」である。一九九七年に採択された京都議定書によって、先進国に二酸化炭素排出の削減目標が割り当てられ、それを実現するために二酸化炭素排出権を取引するシステムがつくられた。この場合に画期的だったのは、市場を抑制するのではなく、むしろあらたな市場をつくりだすことによって地球温暖化への対応が試みられたことである。たとえば先進国が後進国の省エネ技術に投資することで二酸化炭素排出が抑制できれば、その分の排出権が先進国に譲り渡される。そうして排出権を「商品」のように取引することで、先進国は無理な二酸化炭素削減を実施しなくとも、また後進国も一定の経済成長を実現しつつ、地球総体としてみれば二酸化炭素排出を抑制できる道がまがりなりにも用意されたのである。

ただし現在までのところ、少なくとも国際的な環境保全の枠組みとしての排出権取引はうまく働いているとはいいがたい。根本的な問題は、そもそも排出権を取引可能な「商品」とするためには、誰がどれだけの権利を持つのかを、あらかじめ取り決めておかなければならないことである。しかし個々の国家以外にそれを決めることのできる主体はなお現実的には存在しておらず、そのため割当は、さまざまな国家の国内的な思惑に左右されてしまう。たとえば京都議定書の場合も、中国に削減目標が割り当てられず、またアメリカが議定書の批准を拒否したことで、排出権取引の前提そのものが当初から骨抜きにされてしまった。こうした失敗を反面教師として、二〇一五年にパリ協定が採択され、各国に目標設定が義務づけられたが、この場合、その遵守はあくまで努力目標にとどめられたのである。

厳格なルールをつくれば枠組みにそもそも参加しない国が数多くなる一方で、弱いルールでは環境保全の役割は充分にはたせないというジレンマがここにある。[25] こうしたジレンマが生じるのは、結局、国家を超えた規制を有効に働かせることがむずかしいからだが、だからこそいまではよりソフトな仕方で二酸化炭素排出をコントロールすることに期待が寄せられている。その代表が、「炭素税」の導入である。商品の生産や流通に使われた炭素を計算し税として消費者から徴収するシステムを国ごとに動かすことで、環境により優しい商品が自然に選択されることが期待されているのである。[26]

炭素税が求められている背景のひとつには、これまで生産者・消費者によって二酸化炭素の排出という「社会的費用」が充分に引き受けられてこなかったことへの反省がある。たとえば二酸化炭素排出のコストは、充分に生産も消費もしないいわゆる後進国の人びとに地球温暖化というかたちで転嫁《てんか》されてきた。

炭素税によってこの「社会的費用」を内部化し、より「賢明」な選択を個々の消費者に促すことが期待されている。恣意的かつ厳格な規制に頼らずとも、あくまでソフトなかたちで環境負荷の高い商品から低い商品へと、生産または消費が誘導されると想定されているからであり、たとえばガソリン車の販売を禁じなくとも、環境負荷に似合った炭素税を自動車本体やガソリンに付加すれば、販売台数は減ると期待されている。それでもなおガソリン自動車に固執する人もいるかもしれない。ただし規制による場合とは異なり、この場合はそうした嗜好そのものは否定されない。代わりにそれに似合うだけの炭素税が支払われ、理想的にはそれが他の環境対策のために使われればよいと考えられているのである。

消費者個々人の自由をこうして維持するというメリットに加え、炭素税には前もってグローバルな調整が必要とされないという利点もある。炭素税はあくまで一国の制度として法制化されるからだが、ただしそれは国内に限定されない影響を及ぼす。炭素税を導入したある国が他国から商品を輸入する場合、公平性の観点から同等の炭素税が輸出国ですでにかけられていることが要求される。さもなければ、税関で同等の税の追加的な支払いが求められるのであり、そのため輸出する側は、その国の住人でなくとも炭素税を支払うか、それが嫌であれば自国に炭素税の導入を要求しなければならないように誘導される。(27)

国を越えた運用がむずかしい排出権取引とは対照的に、炭素税にはこうしてそれ自体としてグローバルな性格を持つことが期待されている。国際的な協定によって企図されたにもかかわらずナショナルな事情に縛られる排出権取引とは反対に、炭素税は一国で始められるにもかかわらず、それ自体グローバルな影響力を持っている。もちろん小国であればインパクトは小さいが、ＥＵまたはアメリカ、中国などで炭素税がより一般化されるならば、各国もドミノ倒し的に炭素税を導入せざるをえなくなると考えられているのである。(28)

†炭素税の問題

炭素税はこうしてより効率的な気候変動対策を可能にするが、それに問題がないわけではない。ひとつにはある国が充分な炭素税を導入するために、国内的な調整がなお必要になるからである。たとえば日本でも二〇一二年より「地球温暖化対策のための税」として、二酸化炭素排出一トン当たり二八九円の税が生産者に賦課されている。しかしそれだけでは充分ではなく、現実的な効果を生むためには、一トン当たり三〇ドルと一〇倍以上の賦課が必要とみなされている。(29) だが日本では電力会社や自動車産業を中心とした経団連、その利益を慮《おもんぱか》る経済産業省が阻むことで、炭素税の実質化は暗礁に乗り上げているのである。

こうした政治的事情に加え、本書にとってもっとも無視できないのが、炭素税が消費への参加をさらに「不公平」なものとしてしまうという危険性である。まずそもそもほとんどの地球温暖化対策は経済成長に制約を課すことで、とくに貧困層から成長の果実を奪う傾向がある。それは将来、南北間の国のあいだの格差が改善されるという見込みを台無しにしてしまいかねないのである。

さらにそれだけではなく、炭素税には人びとの持つ選択の自由をより「不公平」なものにしてしまう恐れが強い。富裕な人びとは、多少の税金の支払いは気にしなくてよいという意味で、炭素税導入後も比較的自由に選択し続けることができる。たとえば炭素税が飛行機の搭乗にかけられれば、旅行は今以上に高価なものになるだろうが、富裕層はその気があれば価格の上昇を引き受け、変わらず旅行を続けられる。対して貧困層はそれがむずかしく、結果として国内・海外を移動する自由を奪われてしまうことにもなりかねない。

炭素税だけではない。それ以外にも、二酸化炭素排出に懲罰的な税をかける温暖化対策の試み──たとえば二酸化炭素貯蔵（CCS）のコストの引き受けを義務付けるような──は、巡り巡って最終的に消費財にコストを転嫁せざるをえないことで、消費にかかわる「不公平」をますます増大してしまう恐れが強い。イギリスの環境保護論者ジョージ・モンビオは、「化石燃料からの贈り物のひとつは「自由」であった」[30]と述べているが、移動し、快適な部屋で暮らし、おいしいものを食べる自由の多くを、炭素税などの対策は貧困層から奪ってしまう危険がある。それらは環境に悪影響を及ぼす商品を買う自由をこれまで以上に高価なものにすることで、大きくみれば貧しい人からより豊かな人に買う自由を譲り渡す仕組みとして働きかねないのである。

だとすれば地球温暖化対策は進まない。自分の生活を脅かす対策に貧困層が賛成するとは考えにくいからである。

†二つの限界

以上、この章で私たちは消費社会が現在、致命的なものとして直面している二つの問題について検討してきた。①消費のゲームに参加する者の経済的な「不公平」と、②気候変動という危険である。資本主義は利潤の追求を目指し生産増進に邁進することで、消費の機会の「不公平」の拡大や環境破壊という問題を引き起こしてきたのである。

それに対する対処がなされてこなかったわけではない。だがこれまでの対応は不充分なものか、場合によっては消費への参加をさらに「不公平」にするものにさえなった。

いずれの場合も問題となったのは、究極的には国家の力の拡大である。資本主義が引き起こす問題は、経済的危機であれ、環境的な課題であれ、結局のところ国家が尻拭いせざるをえない。資本主義に対抗する主体は他に考えにくいからだが、その結果、危機は国家の力をますます強め、そのせいでより不自由な社会を生むリスクを増してしまう。国家が恣意的な規制を実施し、私的な消費を集合的な消費に変える装置としてある以上、その力の増大によって消費の「不公平」をさらに拡大させてしまいかねないためである。

ではどうすればよいのだろうか。消費社会をそのまま放置すれば、経済的な格差や地球環境の問題がよりひどくなりかねないが、それに対処しようとすると、今度は国家の膨張という別の問題が発生する。それらを調整し、消費社会が自壊してしまうことを防ぐ道はないのだろうか。私たちはここで跳ばなければならない。

第五章

消費社会(へ)の権利

1　消費社会の限界

†不公平という問題

もう一度、問題を整理しておこう。本書はこれまで、①この社会はなお消費社会として存在しているのか、仮にそうだとすれば、②消費社会を私たちは受け入れるべきか、さらには、③その場合の問題は何かについて検討してきた。

①については、その通りという答えが確認された。消費社会化は少なくとも数百年に及ぶ長い歴史的過程としてあり、短期の経済不況ですぐに揺らぐようなものではなかった。たとえば日本のデフレ下においても、「賢い」消費や私的な消費が追求されることで、購買活動はますます活性化してきたのであり、今後たとえ物価高の局面に陥っても、積み重ねられた消費の経験や安価な情報商品の氾濫《はんらん》は、容易には楽しみとしての消費を減退させないと考えられる。

それを踏まえ、②についても肯定的に答えられる。消費社会がたんに「豊かな」社会を実現するからではない。豊かさは消費社会の専売特許ではない。共産主義国家であれ、あるいは近世日本でのような封建制を基盤とした社会であれ、時代の技術水準の範囲で一定の豊かさを多くの人に許容してきた。消費社会のむしろ利点は、それが私的な選択を許し、個々の好みを尊重し、結果としての多様性を促進していくことにある。人が何を好み、選択すべきかについて、国家や共同体の決定や指導に任すべきではない。すべきことと、すべきではないことの判断に対して誰かの恣意的な選択がどうしても入り込み、結果的に少数者の自由が奪われかねないためである。

対して消費社会は、より端的に選択の自由を人びとに委ねる。消費社会で私たちは他者とのコミュニケーションのゲームや、自分の身体にかかわる私的な消費など、多様な購買活動を気ままに実行していくことが促される。その多くは自分の満足を満たすためのむなしい快楽として終わるだろうが、それらが長い時間複数の人びとによって積み重ねられてきた「効果」は無視できない。私的であろうとした無数の人びとの試みに後押しされ、たとえば現代社会には、自分の身体により個別的にかかわることを促す医薬品や嗜好品の市場が花開いている。権力はそれらとドラッグを恣意的に区別し規制してきたが、それをかいくぐり、たとえば医療用とされる大麻のあらたな市場さえ生まれているのである。

こうして愚行権というかたちであれ、私たちの可能性を拡大してきたという意味で、本書は消費の、または消費社会の「権利」を擁護する。もちろん私的な選択のすべてが称賛されるべきだといいたいのではない。私的な選択同士がコンフリクトを起こすこともあり、そうした場合、既存の公的システムのもとでなんらかの調整が必要になる。ただしそれでもなお注意したいのは、私的な自由とその結果としての多様性を少なくともいまと同程度に実現する社会は、現時点では消費社会の他に想定しがたいことである。私的な選択の拡大は人びとのあいだの争いをたしかに増すかもしれない。しかしそうした衝突の可能性も含め、人びとが他の人びとと異なっていることを具体的に許容する力として本書では消費社会が肯定されるのである。

とはいえ消費社会は、③致命的ともいえる問題を抱えていた。貧困を増すことで消費への参加を困難なものとすることに加え、社会の存続さえ危険にさらす気候の変動を引き起こすことである。それに対する対応も積み重ねられてきたが、それらはかならずしも有効に働いてこなかったのである。

問題の中心にはあるのは、消費社会の魅力の核心にあるはずの私的な欲望が、充分に「公平（fair）」に追求できなくなっていることである。(1) 経済的な格差の拡大それ自体が非難されるべきだといいたいのではない。デフレ経済下において格差が拡がるなかで、たとえばオタク文化にみられるようにそれなりに自由で多様な商品文化が繁栄してきたことも事実だからである。

しかし格差が一定の限度を超えて拡がれば、やはりそれは問題となる。そもそも消費社会において人間の尊厳は、モノを買える消費者であることによって具体的には守られてきた。逆に消費のゲームに参加できないならば、消費社会では自己の望みや希望を守り生きる可能性をかなり奪われてしまうのである。

こうした経済的な格差の拡がりだけではなく、気候変動、さらにはそれを防ごうとする対策にさえ、消費にかかわる「不公平」を減らすのではなく、逆に拡大してしまうという副作用がみられた。気候変動が貧者たちに被害を蔓延させるからだけではなく、それに対する対策も経済を停滞させ、さらには炭素税のように富裕者に有利なシステムをつくりだすことによって、貧困者の販売活動を制限してしまいかねないためである。

この意味で消費からの排除は、今のところ解決しがたい問題としてある。たしかに日本のような先進国では満足に消費できない者は一部にかぎられると考える人もいるかもしれない。そうした主張をひとまず受け入れたとしても、格差の拡大が残りの人びととの生活も困難にする危険性を無視できない。消費社会では、多くの人びとは消費を続けるために、仕事においてみずからの自由を売り渡している。そうした状況で貧困が増大すれば、消費社会からの脱落を恐れ、なおいっそう労働に励まなければならなくなるのである。

†国家という難問

以上のように消費社会が擁護されるべきものでありながら、同時に避けがたい問題を生じさせるとすれば、ではどうすればよいのだろうか。重要になるのは、自由や多様性を実現するものとしての「消費社会の権利」を擁護するだけではなく、消費社会に対し何を要求でき、いかなる譲歩を引き出すことができるのかについて、すなわち「消費社会への権利」を考えていくことである。

とはいえ消費社会に要求を突きつけていくうえで、国家の力に頼りすぎるべきではないことは、すでに確認したとおりである。たしかに消費の不公平を是正するためには何らかのかたちでの再配分が必要になり、国家はそうした再配分をおこなう現代では唯一公認された主体としてある。思想や信仰によって結ばれたユートピア的共同体では、再配分は「自然」になされるようにみえるかもしれない。空間的、制度的にかぎられた共同体では徴税に納得がいかなければ、少なくとも原理的にはその外に出る余地が残されている。そうして意見が合わない者をあらかじめ排除することで、共同体では「自発的」に再配分がおこなわれる可能性が少なくとも建前としては維持されているのである。

しかし社会においてはそうではない。共同体の外部にあるものこそ社会だからであり、それゆえ社会は異端な者を排除する外部を持たない。異なる主義や主張を持つ他者たちが集まることを前提としたこうした社会で再配分を実行するためには、だからこそ「暴力の独占機構」（マックス・ウェーバー）としての国家が必要になる。

その意味で本書は、近年流行しつつあるアナーキズムがしばしばそうみなしているようには、国家そのものをいたずらに否定するものではない。消費社会において消費の公平性を維持するためには再配分がおこなわれなければならず、それができる主体は本質的には国家しか存在しない。ただし国家の力の増大にはあくまで弊害が伴う。福祉国家にしろ新自由主義的国家にしろ、「暴力の独占機構」としてある国家は、人びとの私的自由を多かれ少なかれ掣肘《せいちゅう》することで成り立つ。脱商品化されたサービスを増やしたり、規制を強化したりすることによって、国家は消費に対する恣意的な制約を強化してきたのである。

消費社会を補正するために国家の力が必要になるが、その力の増大は同時に危険をはらむ。ではどうすればよいのだろうか。重要なことは、国家の力を制限する原理やシステムをつくりだすことである。より具体的には国家の「収奪」と「配分」の機能を切り離し、それぞれ別の原理によって動かす仕組みが要求される。富者から税金を徴収しそれを社会に還元する装置としての国家はたしかに必要である。ただしそれが人びとの消費の自由をできるだけ奪わないように監督し制限する、何らかのシステムや制度をつくりだしていかなければならないのである。

2　ベーシックインカムという「理想」

†ベーシックインカムのさまざまなかたち

そうした制度として本書が注目するのが、ベーシックインカムである。二〇世紀末以降、ベーシックインカムには世界的に注目が寄せられ、現実的な政治のプロジェクトとして多くの実験が積み重ねられてきた。

ベーシックインカムの定義はさまざまだが、ここではそれを「何らの条件なく社会の構成員に定期的に与えられる定額給付の制度」としておこう。一定額が人びとに無条件で与えられるという点で、ベーシックインカムは資力調査（ミーンズテスト）を条件に給付の是非が決められる生活保護や、また収入の把握を前提に少ない収入の者に給付金が補填される「負の所得税」とは区別される。さらに労働やボランティアなどの社会参加を条件として給付金が与えられる「ワークフェア」などの制度とも異なり、ベーシックインカムでは無条件で給付が受けられ、それゆえ労働の有無や働き方を含め、いかなるライフスタイルを選ぶかが自分で決められるようになっているのである。

もちろんこれはベーシックインカムの大まかな定義であり、論者によって想定する細部やそこにかけられている意味は、かなり異なっている。たとえば一方には、ベーシックインカムをおもに財政削減の手段とみなす者がいる。生活保護など選択的な給付では、資力調査やその後の管理のために行政コストが多大にかかる。それを省く手段として、ベーシックインカムが期待される。こうした議論は、行政の無駄（とみえるもの）を減らし効率化するという意味で新自由主義的な主張とむすびつきやすい。

それとは反対に、これまでの福祉国家を補い、生活サービスをより拡充する手段として、ベーシックインカムに期待が寄せられる場合もある。その場合にはまず現在、福祉が充分に行き渡っていないことが強調される。生活保護が持つスティグマ（＝汚名）のため、または給付総額を減らそうとする行政の水際政策のせいで生活保護受給者は限定されており、たとえば二〇一六年では所得が少ない貧困世帯のなかで生活保護を受けている割合は二二・六パーセント、そのうち預貯金資産が基準を超える者を除いたとしても四三・三パーセントにとどまっている[2]。捕捉率のこうした壁を越え、福祉をいっそう充実させるために、無条件の給付としてのベーシックインカムに期待が寄せられているのである。

†さまざまな主張

これらの見方を両極として、フェミニスト、または労働からの自由を訴える者など、さまざまな立場の者がいまではベーシックインカムを主張している。その目的に応じて、どれだけのベーシックインカムを、誰に与えるのかについての構想も異なってくる。いくら誰に給付するのかは、税制やこれまでの社会保障のシステムをどう変え、どう維持していくかによってなかば決まるからであり、たとえば小沢修司は、ベーシックインカムとして日本では現金八万円を全国民に毎月給付できると試算している(3)。そのための財源として小沢は、社会保障の現物給付部分を維持した上で、労働災害給付、疾病給付、出産給付、住宅扶助を除いた生活保護給付や社会保険、所得の控除を廃止し、さらに所得税率を五〇パーセントまで引き上げることを計画している。この場合、税負担はかなり高率になるが、給付を考慮すれば、給与所得七〇〇万円の夫婦で子どもが二人いる場合や、所得が五〇〇万円で子どもが一人のシングルマザーの場合などでは、今まで以上か同等の手取りが確保できると計算されているのである。

小沢はこうしたベーシックインカムを、企業による福祉がゆらぎをみせるなかで既存の再配分を維持する手段としておもに想定している。それに対して原田泰《ゆたか》は財政を改革するより積極的な手段としてベーシックインカムに期待を寄せている。原田は所得控除や社会保険の税金支出分などを廃止した上で、さらに公共事業費、中小企業、農業対策費を削減することによって、所得税率三〇パーセントで通常は月七万円、二〇歳未満の子どもには三万円のベーシックインカムが保証できることを試算している。[4] それらの補助は特定の人びとに対する生計保障という意味合いが強く、二重に与えられる必要はないとされるのであり、こうして行政をスリム化する手段として構想されているという意味では、原田のベーシックインカム案は新自由主義的な思潮により親和的なものといえる。

財源の想定や給付予定の金額が異なるだけではない。誰にベーシックインカムを与えるかについても、論者によってかなり見方は分かれる。たとえば原田は、子どもに対するベーシックインカムを三万円と半額以下に限定している。年少者が親に庇護《ひご》されることを自明視するという意味ではここには家族主義的な傾向が前提があるが、よりラディカルに年少者にも一律にベーシックインカムを与える個人主義的なやり方も想定できるはずである。

国籍非保有者にどこまでベーシックインカムを認めるかは、さらにむずかしい問題をはらむ。できるだけ多くの人びとに無条件で支給されなければ、ベーシックインカムは意味を失う。ただし移民や短期滞在者などどこまで給付対象を拡げるのかについては、一定の議論が可能である。ベーシックインカムを国家を超えた市民の権利とみなすならば、国籍に関係なくそれは与えられるべきだろう。しかし税金を払う、または将来払うことを前提とした社会参加に応じたリターンとみなすならば、給付に国籍または滞在歴に応じて制限を課す主張にも一定の合理性が認められる。また現実的には、そもそもそうした制約がなければ、国際移動の大幅な増加を引き起こしてしまいかねないのである。

†消費社会を補う

ベーシックインカムはこうしてさまざまな仕方で構想されており、ではそのどれが望ましいかについては、実施に際して慎重に比較検討されなければならない。ただし現時点での緊急の課題は、細かく国家財政をチェックすることや、誰にどれだけ給付するかを具体的に決定することではない。まずベーシックインカムが何のために与えられなければならないのかという目的や理念についてこそ議論されるべきなのであり、その後それに応じて具体的な支給の細部はむしろ決められればよいのである。

実際、先に触れたように、財政の再建や福祉国家の補完など、目指す目標に応じて、ベーシックインカムには異なる目的が割り当てられてきた。そのなかで本書がベーシックインカムを必要と考えるのは、あくまで消費社会の持続可能性という問題を念頭に置いてのことである。

くりかえせば本書は、多くの人に私的な欲望の追求を認める消費社会に特別の価値を認めてきた。しかしだからこそそうした追求に参加できない人びとがいることが、大きな問題になった。たとえば低所得者は現行のシステムでは、福祉国家が与える脱商品化されたサービスにしばしば依存せざるをえず、結果として選択の自由を制限される。また環境の悪化によって炭素税などの賦課が必要となれば、その反作用として、貧困な者は消費の自由を富裕者と比してもより多く奪われかねないのである。

こうした事態が起こるのは、突き詰めてみれば、この社会で消費する権利が充分に与えられていないからである。現代社会では、事実上、消費こそが人びとが尊厳を持って生きられるかどうかを左右している。にもかかわらず、消費の権利そのものは万人に保障されていない。たしかに現行でも、「健康で文化的に生きる権利」は国家によって認められている。だがそれは形式的な保障にとどまり、消費社会のなかで生きることに具体的に配慮したものではない。たとえば先にみたように脱商品化された公共サービスでは消費者の自由は充分に保障されず、また生活保護受給者に対して何を所有し、何に消費しているかが公式、非公式に問われるように、国家は消費の自由そのものを端的に認めているわけではないのである。

†消費の「不公平」を解決できるか

低所得者だけではない。子ども、主婦、労働から排除された移民、学生あるいは障害などで働けない者など、たとえ物質的には豊かであったとしても、他者に依存して生活しているために消費を自由にはおこなえない人びとがこの社会には数多く暮らしている。そもそも二〇二一年の日本の労働力人口は六八六〇万人であり、そこに含まれる二〇六万人の休業者、一九三万人の完全失業者を差し引けば、この社会ではほぼ半数が自分の稼ぎを持たず、それゆえ誰かに依存して暮らしているといえる[5]。

社会学者のジグムント・バウマンは、現代社会では「貧しい人々は何よりもまず「非消費者」[6]として現れると指摘しているが、日本社会でもこうして自律的な消費者とはなりがたい人びとが数多く暮らしている。彼・彼女たちはたんに購買力が少ないだけではない。現代にはクレジットカードをはじめ購買力の少なさを補う信用創造の機会も多いが、子どもや主婦、学生や移民たちの多くは、そうした「信用」を得ることさえできない。結果として親子や妻の関係がそうであるように、消費社会における優位・劣位が、この社会では支配・被支配の関係を定める基本的な枠組みになってしまっているのである。

対してベーシックインカムはこうした既成の権力構造を揺さぶる。それらの者が誰でもどこでも、何歳でも、親や配偶者の収入があろうとなかろうと、夫や親や地域社会に依存せずに、消費者として暮らせるようにエンパワーメントすることが、ベーシックインカムの基本的な使命だからである。

もちろん貧富の差のすべてを、ベーシックインカムは解決するわけではない。ベーシックインカムはあくまで生活の基礎となる所得を保障するにすぎず、実現しても、豊かな者と貧しい者の差は残り続ける。所得が多く見込める者は働き続け、そうではない者は労働から撤退する可能性が高いという意味で、貧富の差はむしろ拡大する恐れさえある。

ただし貧富の差そのものが、消費社会にとって悪とまでいえないことはすでにくりかえし確認してきたとおりである。少なくともそれと同程度に大きな問題は、そもそも消費のゲームへ参加さえ許されず、そのため親や夫などの他者に従属するか、または脱商品化されたサービスに依存するなどして、消費社会で満足に尊厳を与えられてこなかった人びとの存在である。ベーシックインカムは、そうした人びとの「権利」をまがりなりにも回復する。ベーシックインカムはこれまで消費のゲームから排除され、消費社会で「二級市民」として生きなければならなかった主婦、年少者、高齢者などに選択の自由を最低限であれ保障する。そうすることで消費社会に生まれながら、消費のゲームに参加さえできない者たちの「不公平（unfair）」を少なくとも緩和するのである。

なおベーシックインカムは、現時点では一定の金を稼ぎ、消費のゲームに参加している人びとにとってもメリットがないわけではない。これまで消費社会は、働かなければ消費を続けられないと脅すことで、私たちを賃労働に縛りつけてきた。職を失い、それゆえ消費者としての自由と尊厳をなくすことを恐れ、多くの人びとは場合によってはその「必要」さえ超えて、労働に勤《いそ》しんできたのである。

だがベーシックインカムは、消費と「働くこと」の緊密なつながりを一定程度緩和する。たしかに現在想定されているようなベーシックインカムの水準では、仕事を辞めて同じような暮らしを続けることはむずかしいのかもしれない。それでも最低限の消費ができ、またそれに頼った暮らしがスティグマにならないことが重要になる。申請基準が厳しく、受給者がかぎられているため、やっかみを受けがちな現行の生活保護と異なり、ベーシックインカムは消費に参加する権利をより無差別に誰にでも保障する。おかげでそれは働く者が将来の心配をしたり、必死になって貯金したりする必要性を減らしてくれるのである。

まとめるならばベーシックインカムは消費と働くことのむすびつきを一定程度切り離す（＝デカップリングする）。「労働」が人の尊厳を保障する根拠となってきたことは、消費社会でもこれまでの多くの社会と同じである。自由に消費するためには、労働し金を稼ぐか、またはそうする人の言うことを聞かなくてはならないからだが、ベーシックインカムはこうした構造を揺さぶる。ベーシックインカムはたとえ充分に金を稼げる労働に従事していなくても消費社会で生きていく権利を保障することで「労働」から「消費」へと人の尊厳の根拠を実質的に切り替えるのである。

だからこそベーシックインカムは「賃金労働」から「労働」を解放する力になる。私たちは、会社に勤めたり自分で商売する以外にも、家事やボランティアあるいは趣味的な創作を通じて何らかの喜びを人にもたらすさまざまな営みを日々おこなっている。しかしこの社会では、充分な金を稼げなければ、こうした活動は「労働」として認められない。対してベーシックインカムは、「労働」の意味を変える。消費を含め潜在的にはすべての人がおこなうあらゆる活動に対する報酬としての面をそれは持っているのである。

†環境保護への期待

ベーシックインカムは、「労働」の有無や多寡《たか》によって消費のゲームへの参加を制限する社会のあり方をこうして変えるだけでなく、気候変動という同じく大きな問題を緩和する力も持っている。先にみたように気候変動対策においても、貧富の差は乗り越えがたい壁になっていた。気候変動の対策が多かれ少なかれ引き起こす経済停滞が貧しい者にとくに厳しくなることに加え、気候変動に対する市場的な対応としての炭素税を代表とした罰金的な税の賦課は貧しい者からまずはじめに選択の自由を奪っていくからである。

だからこそ気候変動対策をおこなうのであれば、それによって被害を受ける可能性が高い者に代償を支払う必要がある。この意味ではベーシックインカムは望ましいというより、当然なければならない政策といえる。ベーシックインカムは気候変動対策によって被害を受けやすい貧困な者に相対的に意義の大きい代償を渡すのであり、この場合、炭素税などの環境保護のためにかけられる税こそ、その主要な財源となるべきといえる。実際、ジェイムズ・ロバートソンは地球環境を守るために、エネルギーや土地の使用に対する税の賦課とそれを財源とした市民所得（Citizen's Income）の実現を早くから主張してきた(7)。環境保護に対する施策は、貧者の自由をより強く制限する可能性があり、だからこそそれを元手に積極的かつ広汎な所得移転が必要とされるというのである。

こうした権利上の問題に加え、ベーシックインカムによって環境保護活動がさかんになる可能性も期待されている。現在、大半の人びとにとって地道な環境保護活動がおこないにくい理由としては、多忙であることが大きい。生きるためにぎりぎりまで働く者が、時間をかけて環境に優しい商品を選んだり、より高価な商品を買うと期待することは虫のよい話である。だがガイ・スタンディングによれば、ベーシックインカムはこうした状況を変える可能性を持つ(8)。先にベーシックインカムは労働の意味を解体すると指摘したが、その一例として、基本的な所得が保障されれば、私たちは仕事を減らし、生活改善のためにより多くの時間を割けるようになるのではないか。たとえば環境保護運動へ直接参加するだけではなく、自家用車を使わず若干時間のかかる公共交通網を利用するなど、より広汎に生活を改善することが少なくとも容易になるはずなのである。

最後に気候変動対策が引き起こすかもしれない個人の生活基盤の変動を、ベーシックインカムが償う可能性についても確認しておこう。再生可能エネルギーへの転換が進めば、価値を失ういわゆる「座礁資産」や膨大な失業者が特定の分野に出ると予想されている。それはリスクヘッジが可能な富裕な者以上に、中間層、下層の人びとの生活に深刻な影響を及ぼす恐れがある。たとえば自動車産業に関連した膨大な数の労働者は、カーボンニュートラル政策によってその生活基盤を揺さぶられる危険性が強い。だからこそ大胆な変革もむずかしくなっているのだが、ベーシックインカムはこうした危険を代償する。それは経済的な保障となるばかりか、あらたな経済的風土のなかでチャレンジすることを人びとに促すのである。

3　ベーシックインカムがもたらす可能性

†普遍的な保障がなぜ期待されるのか

以上、消費社会の限界を補正し、その「不公平」を緩和する手段としてベーシックインカムが期待される。消費社会の難問のひとつは、消費のゲームから排除される人びとがおり、さらにそうした「不公平」が気候変動やそれへの対処によって拡大することだった。形式的な思想の自由や機会の平等もたしかに大切である。だがそれだけでは、人びとが消費社会のなかでその期待や希望を具体的に叶える機会は保障されない。対してベーシックインカムは、消費社会のなかで人びとが自由にふるまい、それを前提に他人から尊重される機会をできるだけ普遍的に保障するのである[9]。

たしかに貧困を解消するだけなら、低所得者に一定の給付をおこなえば充分と考える者もいるかもしれない。だがそうした選択的給付の場合、①収入の把握に多大な行政的、財務的なコストがかかることに加え、②給付を避けるべきもの（＝スティグマ）とすることでデメリットが大きい上に、③貰える人と貰えない人の分断をいたずらに招く恐れがある。

それに対しすべての人に一律にお金を配るベーシックインカムの方が、行政的・財政的に無駄なコストがかからないだけではなく、豊かな者とそうでない者とのあいだでの負担の公平化につながる可能性が高い。ベーシックインカムを実現するためには、現状では高所得者の税金負担を累進的に大きくせざるをえず[10]、それが再配分を進める。数万円にとどまるであろうベーシックインカムでは、富裕層にとっては増大する税の負担を補えないという意味で、金銭的にはそれは低所得者がより得をする制度になっているのである。

それで富裕層が納得するかどうかはたしかに問題だが、ただし資産を一定程度保有したままの早期引退や再挑戦の機会を保証するという意味では、ベーシックインカムは富裕層にとってもそれなりの魅力があると考えられる。現状の生活保護は一定程度の資産を持っていれば受給できないという意味で中間層以上の人びとにとって魅力的なものではない。しかし仕事を辞めても資産の目減りをさほど心配することなく生活でき、また再挑戦もできるという意味では、ベーシックインカムは富裕層にもライフスタイルを変える選択肢を提供するのである。

†ベーシックインカムの経済的可能性

以上から本書は、ベーシックインカムを消費社会の限界を補正し、その「不公平」を緩和するために必要な権利として主張する。ただしベーシックインカムは、消費社会を生きる上で欠かせない「権利」だから与えられるべきというだけではない。さらにそれが、人びとの集団的な生活を変えるよりダイナミックな可能性を持っていることも重要になる。

たとえばベーシックインカムが人びとの経済生活にもたらす効果については、すでにこれまで数多くの実験や分析が積み重ねられてきた。ロンドンやケニア、ブラジルなど、世界各地で大小の集団にフリーマネーが配られ、いかなる影響がみられるか調査されてきたのである(11)。その結論としては、通常、恐れられているようにベーシックインカムによって働かない人びとが大幅に増えるという現象は一般的にはみられなかった。

ひとつには、ベーシックインカムだけでは満足のいく生活を送ることはむずかしいからである。どれだけの額が与えられるかにもよるが、生活保護や負の所得税とはちがって、ベーシックインカムはより多く働いたからといって減らされるものではない。そのため特別な場合を除けば、それが貰えるようになるだけで、多くの人が働くことを辞めるとは考えにくい。むしろ今までになされた実験では、低所得者がその日暮らしの生活を止め、給付金を資金としてキャリアアップを目指す場合が多くみられた。ベーシックインカムがもたらす生活の余裕は、仕事のためにバイクを買ったり資格取得のために教室に通ったりするなど、より多くの金を稼ぐ「投資」目的で使われることがしばしばだったのである。

この意味でベーシックインカムには貧困に苦しむ労働者の状況を変え、生活を改善する力がある。もちろん賃金が低く条件が過酷な仕事から撤退しようとする人びともなかにはいるかもしれない。だが総体としてみれば、それは悪いことばかりとはいえない。労働者を引き止めるために経営者には待遇の改善や、それを可能にする生産性の向上に努めることが求められる。そのためにAIの活用といった技術革新も進むと考えられる。そうした余裕さえなく、低賃金の労働でこれまで維持されてきた会社から人が移っていくことは、社会総体としてみればむしろプラスの部分が大きいのである。

もちろん高い給与を得られる仕事はかぎられており、かならずしもすべての人がよりよい仕事を手に入れられる保証はない。そのためベーシックインカムが労働からの撤退を招き、経済停滞を引き起こす危険性もたしかに考慮しておくべきだろう。

ただし万が一そうであれ、重要なことは本書が経済発展に有利な手段だからベーシックインカムを主張しているわけではないことである。そもそもベーシックインカムは消費社会を生きる権利としてあるからこそ与えられるべきなのであり、経済停滞を引き起こす可能性があるからといってそれを否定する理由はない。もちろん経済停滞を引き起こす危険はできるだけ取り除かれるべきであり、そのためにくりかえしの実験とそれをもとにした緻密な計画が欠かせない。しかしそうした経済的なメリット・デメリットとは別の次元で、ベーシックインカムがもたらす効果についても正当に評価しなければならないのである。

†文化をつくりだす

この場合に重要になるのが、先にも触れたようにベーシックインカムがこれまで働いてこなかった者、または働けなかった者まで消費社会の「住人」として包摂していく力を持っていることである。この社会では低所得者に加え、子どもや主婦や学生や一部の高齢者など、たとえ生活は豊かであっても、自分の収入がないために自由に金を使えない者が、全体の半分近く暮らしている。従来の社会はそうした人びとを家族や生活保障といった枠組みに組み入れ、またそれゆえしばしば従属的な立場に追いやってきた。しかしベーシックインカムがその人びとに一定の購買の自由を保障するならば、経済的に解放されるだけではなく、それを踏まえたあらたな文化が生まれる可能性が大きくなる。

それについて考える上で参考になるのが、子どもにかかわるサブカルチャーの成長である。近年、子どもに対する虐待や、若年介護などの子どもの不払い労働が問題になっている。経済的沈滞によってそれらがクローズアップされていることも事実だが、それ以前により根底にあるのは、子どもが消費社会に暮らしながらも消費者であることを充分に許されてこなかったという問題である。一九二〇、三〇年代以降、とくに都市の子どもは充分に稼ぐことがむずかしくなり、そのせいで一人の主体として消費社会を自由に生きる権利を奪われてきた。結果として子どもが自分で満足のゆく教育を選択することや、生活のためのサービスを購入することができなくなっているばかりか、それが少子化の大きな原因にもなっている。子どもはこの社会では金のかかる「消費財」として誰かの庇護《ひご》のもとに生きるしかなく、そのため親は多くの子どもを育てる余裕がない。それでもなお社会が子どもの労働からの「排除」を教育的な配慮という名の下に正当化し続けるならば、何らかの代償を子どもや家族に対して支払うことが当然になるのである[12]。

ベーシックインカムはその役割をよく果たす。もちろん現実的には子どもが食費や居住費、教育費などを自律的に支払う主体となることがむずかしいことも事実である。その意味で実際には、給付金が子どもの養育をおこなう親たちへの援助になることは避けにくく、それでも子どもの権利をできるだけ保障するためには、学校教育などの費用をバウチャー（金券）化し給付金から割り引くなどの施策もたしかに検討に値する[13]。ただしそうした細部の調整が必要になるとしても、より本質的に重要になるのは、子どもにも消費社会を生きる権利が認められなければならないことである。ベーシックインカムはそれを保障するのであり、ではそれが実現されるならば、いかなる文化の成長がみられるだろうか。

たとえば興味深いのは、一九五〇年代から六〇年代にかけてこづかいの権利が一般化し、子どもにまがりなりにも購買力が与えられていくことを追い風として、あらたな年少者文化が発達したことである。年少者たちが自由な購買力として自分がみたいものをみる権利を初めて手にしたことを前提に、年長者がつくった戦後秩序に挑戦する特有の漫画やアニメ文化が生まれたのである[14]。

もちろんこれはおこづかいという親からの「恩恵」をあてにした、あくまで部分的な解放の結果にすぎなかった。ではそれを超え、子どもがより一般的に消費者になったとき、教育や政治に何が起こるのだろうか。さらにはそれとは別に主婦や高齢者、学生や移民などがより主体的に市場に参入してくるなら、いかにあらたな文化が生まれるのかを考えることは充分に価値がある。先にベーシックインカムによって環境保護運動が活発になる可能性を確認したが、それを含め、これまで消費から相対的に排除されてきた人びとを中心においた、いっそう多様な文化が育つ可能性が考えられるのである。

†地方のあらたな文化

そのひとつのバリエーションとして、地方にあらたな文化がつくられることが期待される。現在都市に人が集まるのは、究極的には都市のほうが給与水準が高いからである。アメリカではテレワークの普及を通してＩＴエンジニアの都市と地方の賃金格差が縮まる兆しもみえるといわれるが[15]、それはなお充分なものではなく、高い賃金を前提に都市には娯楽が集まり、結果として多くの消費も積み重ねられている。ベーシックインカムには、こうした現実を変える力がある。ベーシックインカムは相対的に低い給与を補うだけではなく、住居費を中心に生活費の安い地方では実質的にはより大きな扶助になるのであり、たとえば毎月八万円、三人で二四万円の給付が受けられるとして、東京で家を借りて住むのは大変かもしれないが、地方では余裕のある暮らしを送れる可能性が高いのである[16]。

この意味でベーシックインカムは、自治体ごとに給付額の異なる生活保護とは異なり、地方と大都市の関係性を変える力を持つ。都市生活は高い給与をしばしば保障する一方で、多くの時間や活力を私たちから奪ってしまう。他方、ベーシックインカムによって労働から切り離された金がまわり始めれば、地方でより自由で余裕のある文化が育つことが期待される。結果としてその場は大都市に暮らす以上に魅力的と多くの人に感じられるようになるかもしれないのである。

†国家の制限

あらたな文化の形成をこうして促すことに加え、その可能性として最後に、そしてもっとも重要になるのが、ベーシックインカムが私たちと国家の関係を根本的に変える力となることである。

みてきたように消費社会の拡大は、国家の力を強くするように逆説的にも働いてきた。消費社会が生む格差の拡大や環境破壊などの問題を是正することが国家に期待され、その分、国家に大きな力が割り振られてきたのである。

だがベーシックインカムはそうした国家に一定の枷《かせ》をはめ、権力の行使を制約する力を持つ。ベーシックインカムではなく、保育や介護や医療に力を入れたベーシックサービス、またはベーシックアセットの充実を目指すべきとする主張も近年なされている[17]。ではなぜそうした福祉国家的サービスの拡充ではなく、ベーシックインカムに本書は期待を寄せたのか。その最大の理由は国家によるサービスの拡大が、私たちから選択肢を奪うものになりかねなかったためである。

福祉国家は税収として所得の一部を吸い上げ、それをできるだけ再配分することを目指す。ただし福祉国家は脱商品化されたサービスや施設を拡充していくことでおもにその再配分を実現するのであり、それが消費者からサービスを選択する機会を取り上げ、国家による集団的な選択に従わせる契機にしばしばなってしまうことについては、これまで指摘してきたとおりである。たとえば教育ということでみれば、学校教育だけではなく、いまでは塾、教材による学習、ユーチューブによる学習などさまざまな方法が潜在的には選択可能である。しかし国家は学校教育というかたちで脱商品化されたサービスを排他的に供給することで市場の多様性を減らし、結果として充分な購買力を持った富裕層を除けば、適切な教育の方法を親や子どもが選択することをむずかしくしてきたのである。

他方、生活保護などの受給者を限定した直接給付の場合も同じである。それらは資力調査を前提として受給者とそうでないものに線を引くことで、偏った配分を国家主導で往々にして招くことになってしまう。

†購買力と選択権を取り戻す

それに対してベーシックインカムを、国家から購買力と選択権を取り戻す試みと位置づけることができるだろう。国家は徴税というかたちで人びとから私的な消費の権利を奪うが、ベーシックインカムはその奪われた選択権を給付というかたちで人びとに戻し、それによって市場でみずから選択できる主体へとエンパワーメントするのである。

これが先に予告しておいた、国家による「収奪」と「配分」を切り離すことの内容である。「暴力の独占機構」としての国家は人びとを縛り、私的な消費も制約する。しかしベーシックインカムはそうした国家の選択をあらかじめ制約し、気ままな決定にくさびを打ち込む。たしかにそれでもなお、あるいはベーシックインカムの財源は増税によるしかないという意味ではよりいっそう、国家は税金を徴収する主体であり続ける。しかし徴収した税金の少なくない部分を、人びとの私的な消費を援助するために支出するように義務付けられれば、国家の恣意を少なくとも一定程度、制限できるはずなのである。

もちろんこれまで受け入れられてきた公共的サービスの価値は、できるだけ尊重されるべきである。「集合的消費」の対象として、国家がこれまで供給してきたサービスすべてを廃止できるわけではない。たとえばかつて採算の取れない美術館を閉鎖しようとした自治体があったが、経営がむずかしい美術館を保護することこそ、行政のむしろ使命といえる。流行《はや》りのアニメやサブカルばかりとり上げ利益を上げる美術館であれば、民間に任せておけばよいからである。

さらに公園や体育館など、一定のスケールを必要とする施設を民間の運営に完全に委ねることはむずかしく、また学校や図書館など、完全に市場化してはその意味が損なわれる施設もある。たとえば学校で何が教えられるべきかは、完全に自由な選択に任されてよいことではない。国家、そして何より社会の継続を担う主体を育成するために、何が教えられるべきかについては、一定の集団的な議論があってもよいはずなのである。

とはいえ一方で資本主義が巨大化し、その反作用として公的な主体の力が増大し、人びとの選択を狭めている現状に対しては、つねに警戒しておく必要がある。民主主義的システムのもとでは、選挙によって公的主体の選択を間接的に決定することがたしかに建前になっている。しかしそれは形式的な条件にとどまり、ほとんどの人は、国家の決定の一々に口を差し挟むことはできない。現状の消費社会で生きるためには、多くの時間を賃金労働あるいはそれを支える家事や育児、介護などの再生産労働のために費やさなければならず、結果として決定の多くは、政治家や官僚機構、またはそれに干渉する余裕を持ったかなり偏った人びとの手に委ねられてしまうのである。

そのせいである種の人びとがある公共サービスを利用しやすく、別種の人びとがそうではないという偏りも発生する。こうした現実はどのように納得されているのだろうか。たとえば図書館や体育館などがあらたにつくられたとしても、近隣に住んでいる人以外は利用しにくい。こうした状況は「不公平」といえるが、公共のサービスに大きく依存した現状のあり方では、根本からこうした問題を解決することはむずかしいのである。

では仮にサービスが無料の施設によってではなく、一定の金額が人びとに直接還元されるとすればどうだろうか。給付されたお金で自由に本を買ったり、民間のスポーツクラブに入るというかたちで問題の少なくとも一部は解決されるのではないだろうか。

もちろんくりかえすならば、何をどこまで現金での直接給付というかたちに変えていくべきかは、慎重に検討されるべき問題である。新自由主義的な国家がそうするように、それを必要な公共のサービスを縮小するための言い訳にしてはならない。

逆にベーシックインカムの使命は、そうした国家を縛り、その気ままな決定を減らすことにある。そもそも現状の公共的なサービスには、政府によって容易に変更されやすいという欠陥がある。実際、新自由主義的政策が主流となるなかで、財政難をアリバイとして、多くの教育・文化的サービスの予算が削られ、あるいはそうされると脅されることで政府が都合よくコントロールできるものに変えられてきた。たとえば国立大学のために使われてきた運営費交付金が毎年一パーセント減らされることで、大学の研究能力は弱体化させられ、そのため競争的資金という手段を使って政府が大学や研究者をコントロールすることも容易になっているのである。

こうした状況を少しでも避けるために、ベーシックインカムを私たちの権利として明確に規定し、しっかりと社会に根付かせていく必要がある。そうすれば、政府の予算の相当量をあらかじめ拘束できるという意味で、政治家や官僚の恣意的な決定の幅を狭められるのではないか。もちろんベーシックインカムの実施の是非や、またいくら給付するのかを最終的に決めるのが、依然として政府であることに変わりはない。ただし下限を一定額に定め、上限は物価や税収、GNPなどに連動して変化するものと法や憲法によってあらかじめ規定しておけば、政治家や官僚がベーシックインカムを安易に操作することはむずかしくなる。つまりベーシックインカムを私たちの「権利」として既成事実化できれば、国家が集合的消費について恣意的に決定しないように一定の枠をはめられるのである。

そうすれば文化とは何か、教育とは何かを、購買力をあたえられた個々人がより能動的に決められるようになるのではないか。個々人が日々市場でなす決定すべてを、権力が少なくとも短期的に操作することはむずかしいからである。

†民主主義をアップデートする

ただしくりかえすならば、すべての公共サービスをすぐに撤廃できるわけではない。現状の「成熟」の度合いからみれば、市場に委ねるべきではないサービスがあることは認めざるをえず、また一律にベーシックインカムを給付するだけでは解決できない個別の状況もある。固定的な生活費がかからざるをえない障害者や、医療費が高額になりがちの高齢者が他の人びとと同様に消費のゲームに参加するためには同額の給付では足りず、一定の追加的給付や、また場合によってはニーズが少なすぎ市場化されにくいサービスを公共のものとして準備する必要も出てくるはずである。

それでもなお注意すべきは、何を公共サービスに委ね、何を個人の自由に任せるかは、つねに議論され、妥協点をみいださなければならない私たち自身の課題だということである。近代社会において国家は巨大化し、選択の機会を私たちからますます奪ってきた。「民主主義」という言葉は、こうした事態を曖昧に追認することしかできてこなかったように思われる。選挙で選ばれた者、あるいはそれに仕える学歴エリートとしての官僚が優秀で、私たち以上に優れた選択ができるという「フィクション」を受け入れることで、国家は基本的に維持されてきたのである。

しかしベーシックインカムはこうした「フィクション」を、もう一度、そして不断に問いなおす力になる。まずは少額であれ、ベーシックインカムが一般的なものとして受け入れられれば、政府の決めた決定が本当に正しいのか、つねに問われるようになるだろう。官僚や政治家ではなく、私たちのほうがより良く、また切実に選択できるのではないかという疑問に対して、政府はいつでも説明責任をはたす必要が出てくるからである。

その意味でベーシックインカムは、「民主主義」をたんに間接選挙にとどまらないものへとアップデートするよい機会になる。それは消費が実現する私的な選択が矛盾したり衝突するような場合に、ではどうするのかという、つまりは公共性についての問いに日々の実践のなかで人びとが具体的に向き合うように要請するのである。

かつて近代性の始まりの時代、イマヌエル・カントは、リベラルな国家を、「好きなだけ、何ごとについてでも論議せよ、ただし服従せよ」と命令するものと想定していた(18)。私たちもそれに倣《なら》い、ある種のサービスについてはなお国家に委ね、その決定に服従する必要があることは認めよう。ただしそれはあくまで一時の、また暫定的な認定にとどまる。それを「意のままに論議」する機会がつねに、また個々人に日々の生活のなかで具体的に開かれていなければ、国家はその決定の力をすぐに膨張させてしまう。ベーシックインカムは、そうした議論をただ言葉によってだけではなく、くりかえされる日々の購買というかたちで実質化する装置となるのである。

†ベーシックインカムを支えるもの

以上の理由から、私たちはベーシックインカムを消費社会がなお続いていくために不可欠の、また暮らしをよりよくするために有効な手段と考える。この本で私たちは、消費社会以上に自由と多様性を実現する手段があるかと問い、現状では考えにくいと結論した。しかし一方で消費社会には、格差の拡大と環境の破壊を招くという根本的な限界があった。それを是正し、さらには膨張していく国家の権力を制限する手段として、ベーシックインカムの導入以外にはいまのところ想定しがたく、だからこそそれが必要であるとこの本は考えてきたのである。

もちろんベーシックインカムは、魔法の杖のように、現状の社会が抱えるさまざまな問題を一挙に解決するわけではない。たとえばフェミニストのなかには、ベーシックインカムは、男女の賃金格差や役割分担をより固定化してしまうと批判する者もいる[19]。それが導入されれば、現状で賃金が安い者から先に労働から離脱する可能性が高く、結果として、高収入の男性が仕事を続ける一方で、低賃金の女性は家庭内の不払い労働の世界へと引き戻される恐れがあるというのである。

そうした危険があることはたしかだが、とはいえ他方でそもそもベーシックインカムが、男性の賃金に依存せずに女性が尊厳を持って生きることを可能にする力になりうることも同じ程度には評価する必要がある。それによって女性たちは、高収入の男性たちに依存しなくとも一人で、または友人と暮らせるようになるのではないか。それを一例として、ベーシックインカムは現代社会の秩序をたしかに前提として働くが、いつまでもその秩序をいまと同様のものとして維持していくわけではない。逆にそれは労働と消費、国家と家族などの関係を根本から問い直す。結果として引き起こされる変動を、ではより自由な社会をつくりだすためにいかに利用していくかという課題が、これからの運動や個々の実践にとっては重要になるのである。

では具体的にベーシックインカムをいかに活用していくのかについては、これからみんなで考えていかなければならない問題だが、その前にベーシックインカムが私的自由を拡大するうえでどれほど有効な力になるかを定める重要な条件となっているのが、歴史的につくられた市場の膨らみであることは確認しておこう。私的な選択が社会を動かすと期待できるのは、市場に充分に多様な商品が存在し、それがまがりなりにも選択可能な状況にある場合にかぎられる。たとえばベーシックインカムが導入された際に女性または男性がどれだけ私的領域に閉じ込められるかは、保育サービスや家事代行サービスがどれほどリーズナブルなかたちで展開されており、またそれがどれだけ自由に選べるようになっているかに左右される。市場が充分に豊かで、なおかつ一定の購買力が保証されているならば、独身、既婚、男女にかかわらず、家事や育児のためにより多様な選択肢が活用できるようになるはずなのである。

†消費社会（へ）の権利

その意味で現在、ベーシックインカムが有効な選択肢としてまがりなりにも浮上しているのは、社会をいまあるかたちに形成してきた無数の消費の歴史的な実践をあくまで背景としてのことといえる。過去の人びとのためらいがちの、または決然とした消費のくりかえしを不可欠の奥行きとして、現代社会では多様な選択が可能になっている。身体を好きに変形することや、私的な快楽を得ることなど、場合によっては「愚行」にすらみえる消費さえ許す市場の歴史的厚みに支えられ、私たちは国家を掣肘さえできる力をいまベーシックインカムというかたちでまがりなりにも想像できるようになっているのである。

ならば恐れることはないのだろう。自分にとって、または他者にとって何が「正しい」選択なのかに悩み、失敗を恐れ怖気《おじけ》づく前に、先人たちがそうしてきたように、自分とは何であるのかを市場のなかで探り、またさらなる快楽を探し求める勇気を持てばよい。

こうした選択は、他人からみれば馬鹿げた、または惨めな失敗に終わるかもしれない。だがそうした実践こそが、後の消費社会をより多様なものとし、そしてあらたな社会を構想するための土台になる。実際、これまでの無数の他者の私的消費の試みは、場合によっては反面教師となりつつも、後の人びとのより自由な選択の根拠になってきた。そうした消費の積み重ねに私たちの消費の実践がさらに重ねられていくことで、いつか国家に別れを告げ、または少なくとも国家に依存することなくとも私たち自身でよりいっそう多くのことが決断できる社会が実現されると、だとすれば期待してもよいのである。

注

はじめに

（1）ベーシックサービスやベーシックアセットにかんしては、井手英策『幸福の増税論――財政はだれのために』岩波書店、二〇一八年、宮本太郎『貧困・介護・育児の政治――ベーシックアセットの福祉国家へ』朝日新聞出版、二〇二一年参照。
（2）三浦展『第四の消費――つながりを生み出す社会へ』朝日新聞出版、二〇一二年。
（3）斎藤幸平『人新世の「資本論」』集英社、二〇二〇年。

第一章

（1）N・フレイザー（仲正昌樹監訳）『中断された正義――「ポスト社会主義的」条件をめぐる批判的省察』御茶の水書房、二〇〇三年、四頁。
（2）T・ピケティ（山形浩生、守岡桜、森本正史訳）『21世紀の資本』みすず書房、二〇一四年。
（3）F・A・ハイエク（西山千明訳）『隷属への道』春秋社、一九九二年。
（4）M・サーリンズ（山内昶訳）『石器時代の経済学』法政大学出版局、一九八四年。
（5）J・S・ミル（山岡洋一訳）『自由論』光文社、二〇〇六年、三六～三七頁。
（6）R・ボワイエ（清水耕一編訳）『レギュラシオン――成長と危機の経済学』ミネルヴァ書房、一九九二年、A・リピエッツ（若森章孝監訳、若森文子訳）『レギュラシオンの社会理論』青木書店、二〇〇二年、山田鋭夫『増補新版 レギュラシオン・アプローチ――21世紀の経済学』藤原書店、一九九四年などを参照。
(7) こうした見方の代表としては、R・ルクセンブルグ（長谷部文雄訳）『資本蓄積論』（上・中・下）岩波書店、一九三四年参照。
(8) H・フォード（竹村健一訳）『藁のハンドル』二〇〇二年、中央公論新社、一三四頁。
(9) H・ブレイヴァマン（富沢賢治訳）『労働と独占資本――20世紀における労働の衰退』岩波書店、一九七八年、一六八頁。
(10) J・K・ガルブレイス（鈴木哲太郎訳）『ゆたかな社会 決定版』岩波書店、二〇〇六年。
(11) J・ボードリヤール（今村仁司、塚原史訳）『消費社会の神話と構造 新装版』紀伊國屋書店、二〇一五年。
(12) J・ボードリヤール（今村仁司、塚原史訳）『消費社会の神話と構造 新装版』紀伊國屋書店、二〇一五年、二一九〜二二〇頁。
(13) T・ヴェブレン（高哲男訳）『有閑階級の理論――制度の進化に関する経済学的研究』筑摩書房、一九九八年。
(14) Colin Campbell, *The Romantic Ethic and the Spirit of Modern Consumerism*, Blackwell Pub, 1987.
(15) J・サースク（三好洋子訳）『消費社会の誕生――近世イギリスの新企業』東京大学出版会、一九八四年。
(16) Neil McKendrick, John Brewer and J.H. Plumb, *The Birth of a Consumer Society : The Commercialization of Eighteenth-Century England*, Europa Publications Ltd, 1982.
(17) D・T・コートライト（小川昭子訳）『ドラッグは世界をいかに変えたか――依存性物質の社会史』春秋社、二〇〇三年。
(18) W・ゾンバルト（金森誠也訳）『恋愛と贅沢と資本主義』講談社、二〇〇〇年。
(19) 貞包英之『消費は誘惑する 遊廓・白米・変化朝顔――一八、一九世紀日本の消費の歴史社会学』青土社、二〇一五年。

第二章

（1）藤岡和賀夫『さよなら、大衆――感性時代をどう読むか』PHP研究所、一九八四年、博報堂生活総合研究所編『「分衆」の誕生――ニューピープルをつかむ市場戦略とは』日本経済新聞社、一九八五年。

（2）小沢雅子『新・階層消費の時代――消費市場をとらえるニューコンセプト』日本経済新聞出版、一九八五年。

（3）山崎正和『柔らかい個人主義の誕生』中央公論社、一九八四年。

（4）上野千鶴子、辻井喬『ポスト消費社会のゆくえ』文藝春秋、二〇〇八年。

（5）同時にこの表は、①消費生活において実質的な豊かさが実現されたのは一九八〇年代後半のわずか数年にかぎられていること、また、②二〇一〇年代後半に消費生活は急速に苦しくなったことを示している。前者の期間が短かかったのはおもに消費水準指数の伸びがあまり長く続かなかったにもかかわらず物価上昇が激しかったことにより、後者の困窮はアベノミクスの円高政策のなかでデフレが停滞したにもかかわらず購買力の上昇が抑えられていたことにおもに基づいていたとみられる。

（6）アジア太平洋資料センター編『徹底解剖100円ショップ――日常化するグローバリゼーション』コモンズ、二〇〇四年、一五〇頁。

（7）水原紹「100円ショップ」『社会科学』第四九巻四号、一一三～一一四頁。

（8）大下英治『百円の男ダイソー矢野博丈』さくら舎、二〇一七年、九六頁。

（9）二〇二二年七月から八月にかけてFastaskに委託して実施。一八歳から五九歳までの一万三二四七人に依頼の上、一五五一人から回収、そのうち無効な回答を除く一四六六人を対象とした。以下、本書ではとくに記載がない場合は同じ調査を利用する。

（10）D・ミラー（貞包英之訳）『消費は何を変えるのか――環境主義と政治主義を越えて』法政大学出版局、二〇二二年。
（11）一〇〇円ショップとブランドショップの流行の共通性については、松原隆一郎、辰巳渚『消費の正解――ブランド好きの人がなぜ100円ショップでも買うのか』光文社、二〇〇二年も参照。ブームのさなかに出されたこの対談では、コストパフォーマンスが両者に共通する要素として挙げられている。
（12）秦郷次郎『私的ブランド論――ルイ・ヴィトンと出会って』日本経済新聞社、二〇〇六年、一六六、一七五頁。
（13）鈴木涼美『JJとその時代――女のコは雑誌に何を夢見たのか』光文社、二〇二一年、四八頁。
（14）C・アンダーソン（小林弘人監訳、高橋則明訳）『フリー――〈無料〉からお金を生みだす新戦略』日本放送出版協会、二〇〇九年。
（15）二〇二二年八月にFastaskに委託して実施。一五歳から四九歳までの一万九九五五人に依頼の上、一七八二人から回収、そのうち無効な回答や、世帯年収を答えたくないとした者、また実家住まいの者を除く七四三人がここでの対象となっている。
（16）S・ズボフ（野中香方子訳）『監視資本主義――人類の未来を賭けた闘い』東洋経済新報社、二〇二一年。
（17）奥平和行『メルカリ――稀代のスタートアップ、野心と焦りと挑戦の5年間』日経BP社、二〇一八年、一二頁。
（18）近藤麻理恵『人生がときめく片づけの魔法』サンマーク出版、二〇一〇年。
（19）辰巳渚『「捨てる！」技術』宝島社、二〇〇〇年、五、六頁。
（20）中野孝次『清貧の思想』草思社、一九九二年、一三七頁。
（21）やましたひでこ『新・片づけ術　断捨離』マガジンハウス、二〇〇九年、四八頁。
（22）やましたひでこ『新・片づけ術　断捨離』マガジンハウス、二〇〇九年、五〜六頁。

（23）「こんまりメソッドと断捨離の違いについて、話します！」
https://www.youtube.com/watch?v=tpMxnu7LqSo（二〇二一年一〇月一七日閲覧）
（24）近藤麻理恵『人生がときめく片づけの魔法』サンマーク出版、二〇一〇年、六三頁。
（25）近藤麻理恵『人生がときめく片づけの魔法』サンマーク出版、二〇一〇年、八二頁。
（26）近藤麻理恵『人生がときめく片づけの魔法』サンマーク出版、二〇一〇年、八七頁。
（27）佐々木典士『ぼくたちに、もうモノは必要ない。――断捨離からミニマリストへ』ワニブックス、二〇一五年、四七頁。
（28）佐々木典士『ぼくたちに、もうモノは必要ない。――断捨離からミニマリストへ』ワニブックス、二〇一五年、五一頁。
（29）前田愛『都市空間のなかの文学』筑摩書房、一九八二年、一九五頁。
（30）こんまり自身、かつては家族のモノを勝手に捨てたことでひんしゅくを買い、「片づけ禁止令」まで出されてしまったという（近藤麻理恵『人生がときめく片づけの魔法』サンマーク出版、二〇一〇年、七五頁）。

第三章

（1）たとえば山口富造は、「「啓蒙」され、「賢く」なった主婦が、行政からの「保護」を訴えるという受身の姿勢から抜け出していない」（「消費者運動の新しい展開」『月刊社会教育』第一五巻四号、一九七一年、六六頁）とこの「賢い消費者」を批判的に捉えている。
（2）米澤泉『コスメの時代――「私遊び」の現代文化論』勁草書房、二〇〇八年、および米澤泉『「くらし」の時代――ファッションからライフスタイルへ』勁草書房、二〇一八年参照。
（3）松田久一『「嫌消費」世代の研究――経済を揺るがす「欲しがらない」若者たち』東洋経済新報社、二〇〇九年。

（4）たとえばそれを前提として戦後には生命保険が一般化し、また間接的に中高年の自殺も増加した。貞包英之・元森絵里子・野上元『自殺の歴史社会学――「意志」のゆくえ』青弓社、二〇一六年参照。
（5）G・バタイユ（生田耕作訳）『呪われた部分』二見書房、一九七三年。
（6）T・ヴェブレン（高哲男訳）『有閑階級の理論――制度の進化に関する経済学的研究』筑摩書房、一九九八年。
（7）久保友香『「盛り」の誕生――女の子とテクノロジーが生んだ日本の美意識』太田出版、二〇一九年、一一三頁。
（8）中出若菜「コスメのベストセラーの理由教えます！「キャンメイク」編」、WWDウェブサイト https://www.wwdjapan.com/articles/1142576（二〇二二年一〇月一七日閲覧）
（9）三田村蕗子『夢と欲望のコスメ戦争』新潮社、二〇〇五年、三三頁。
（10）久保友香『「盛り」の誕生――女の子とテクノロジーが生んだ日本の美意識』太田出版、二〇一九年、九九頁。
（11）Henry Jenkins, *Textual Poachers: Television Fans and Participatory Culture*, Routledge, 2012.
（12）久保友香『「盛り」の誕生――女の子とテクノロジーが生んだ日本の美意識』太田出版、二〇一九年、二〇五〜二〇九頁。
（13）佐藤郁哉『暴走族のエスノグラフィー――モードの叛乱と文化の呪縛』新曜社、一九八四年、一〇五頁。
（14）貞包英之『サブカルチャーを消費する――20世紀日本における漫画・アニメの歴史社会学』玉川大学出版部、二〇二一年。
（15）二〇二一年四月にFastaskに委託して実施。一五歳から四九歳までの一万八五八九人に依頼の上、二二七四人から回収し、同じ答えが連続するなど不適切な回答を除いた上の二二一九人を対象。なお世帯年収一九九万円以下で月三〇〇〇円以上支出する者に対する世帯年収一〇〇〇万円以上で同様にそうである者の倍率は、友達との付き合い（一・四五倍）、旅行（二・〇五倍）、ファッション（一・四四倍）に対し、アニメ関連商品（DVDやグッズなど）（〇・九八倍）、漫画（一・二九倍）、ゲーム（〇・九八倍）となっている

（16）以下、貞包英之『地方都市を考える――「消費社会」の先端から』花伝社、二〇一五年参照。

（17）平山洋介『東京の果てに』NTT出版、二〇〇六年、五三～五八頁。

（18）貞包英之、平井太郎、山本理奈「東京の居住感覚のソシオグラフィ――超高層住居の現在をめぐる総合的調査に準拠して」『住宅総合研究財団研究論文集』第三五号、二〇〇九年。

（19）B・ミラノヴィッチ（西川美樹訳）『資本主義だけ残った――世界を制するシステムの未来』みすず書房、二〇二一年、二三一～二三二頁。

（20）藤岡和賀夫『さよなら、大衆――感性時代をどう読むか』PHP研究所、一九八四年、一八三頁。

（21）M・カステル（石川淳志監訳）『都市・階級・権力』法政大学出版局、一九八九年。

（22）藤岡和賀夫『さよなら、大衆――感性時代をどう読むか』PHP研究所、一九八四年、一八三頁。

（23）N・エリアス、E・ダニング（大平章訳）『スポーツと文明化――興奮の探求』法政大学出版局、一九九五年。

（24）M・フーコー（田村俶訳）『監獄の誕生――監視と処罰』新潮社、一九七七年。

（25）多木浩二『スポーツを考える――身体・資本・ナショナリズム』筑摩書房、一九九五年、および山本敦久『ポスト・スポーツの時代』岩波書店、二〇二〇年参照。

（26）米澤泉『筋肉女子――なぜ私たちは筋トレに魅せられるのか』秀和システム、二〇一九年。

（27）D・T・コートライト（小川昭子訳）『ドラッグは世界をいかに変えたか――依存性物質の社会史』春秋社、二〇〇三年。

（28）青木隆浩『近代酒造業の地域的展開』吉川弘文館、二〇〇三年。

（29）W・シヴェルブシュ（福本義憲訳）『楽園・味覚・理性――嗜好品の歴史』法政大学出版局、一九八八年。

（30）貞包英之『消費は誘惑する　遊廓・白米・変化朝顔――一八、一九世紀日本の消費の歴史社会学』青土社、二〇一五年。
（31）渡邊拓也『ドラッグの誕生――一九世紀フランスの〈犯罪・狂気・病〉』慶應義塾大学出版会、二〇一九年、一七六頁。
（32）W・バロウズ（鮎川信夫訳）『ジャンキー』河出書房新社、二〇一〇年、二二頁。
（33）南方建明「ドラッグストアの成長過程――小売業態間競争に着目して」『大阪商業大学論集』第一五巻二号、二〇一九年。
（34）日野眞克『ドラッグストア拡大史』イースト・プレス、二〇二一年。
（35）「薬物化」という概念の展開については、山中浩司「テーマ別研究動向（医療）」『社会学評論』第六三巻一号、二〇一二年参照。
（36）多木浩二『眼の隠喩――視線の現象学』青土社、一九八二年。
（37）齊藤孝浩『ユニクロ対ZARA』日本経済新聞出版社、二〇一四年。
（38）B・S・ターナー（小口信吉ほか訳）『身体と文化――身体社会学試論』文化書房博文社、一九九九年、二一六頁。

第四章

（1）D・ガーランド（小田透訳）『福祉国家――救貧法の時代からポスト工業社会へ』白水社、二〇二一年、四七頁。
（2）国税庁「令和4年度版　わたしたちの生活と税」https://www.nta.go.jp/taxes/kids/kyozai/chugaku/files/text-2.pdf（二〇二二年一〇月一七日閲覧）
（3）「東京市部「私立中学進学率ランキング」…都市部と郊外の露骨な受験格差」https://news.yahoo.co.jp/

articles/3645b13b5361f4b09851a6ea22fad009f4f69932（二〇二一年一一月四日閲覧）
（4）脱商品化されたサービスの問題点については、ジュリアン・ルグラン（後房雄訳）『準市場　もう一つの見えざる手――選択と競争による公共サービス』法律文化社、二〇一〇年参照。
（5）小竹雅子『総介護社会――介護保険から問い直す』岩波書店、二〇一八年、一九九～二〇七頁。
（6）経済産業省『気候変動に関する政府間パネル（IPCC）第6次評価報告書』https://www.meti.go.jp/press/2021/08/20210809001/20210809001-1.pdf（二〇二二年一〇月一七日閲覧）
（7）W・ノードハウス（藤﨑香里訳）『気候カジノ――経済学から見た地球温暖化問題の最適解』日経BP社、二〇一五年。
（8）W・ノードハウス（藤﨑香里訳）『気候カジノ――経済学から見た地球温暖化問題の最適解』日経BP社、二〇一五年、六〇～六一頁。
（9）大野輝之「CCSへの過剰な依存が日本のエネルギー政策を歪める」https://www.renewable-ei.org/activities/column/REupdate/20210930.php（二〇二二年一〇月一七日閲覧）
（10）安田陽『世界の再生可能エネルギーと電力システム　全集』インプレスR&D、二〇二一年、六四～六五、七九頁。
（11）安田陽『世界の再生可能エネルギーと電力システム　全集』インプレスR&D、二〇二一年、一一六頁。
（12）井熊均ほか『脱炭素で変わる世界経済　ゼロカーボノミクス』日経BP、二〇二一年、六八頁。
（13）井熊均ほか『脱炭素で変わる世界経済　ゼロカーボノミクス』日経BP、二〇二一年、七八頁。
（14）井熊均ほか『脱炭素で変わる世界経済　ゼロカーボノミクス』日経BP、二〇二一年、六二～六三頁。
（15）Mike Berners-Lee, *How Bad Are Bananas?: The carbon footprint of everything*, Profile Books Ltd., 2020, p140.
（16）Mike Berners-Lee, *How Bad Are Bananas?: The carbon footprint of everything*, Profile Books Ltd., 2020,

p147.

(17) 阿部達也、松本茂、岩田和之「大都市圏と地方部の自動車のリバウンド効果――家計調査を用いた実証分析」『環境科学会誌』第三〇巻三号、二〇一七年。

(18) 志子田徹「地熱先進国アイスランド　発電や暖房、存分に――欧州の国と地域から」『北海道自治研究』第五四七号、二〇一四年。

(19) Brynhildur Davidsdottir, *Sustainable Energy Development: Iceland as a Case Study*, ACEEE Industry, 2007, p3-32 (https://www.eceee.org/library/conference_proceedings/ACEEE_industry/2007/Panel_3/p3_3/ (二〇二二年一〇月一七日閲覧))

(20) Debalina Chakravarty, Shyamasree Dasgupta, Joyashree Roy, Rebound effect: how much to worry?, *Current Opinion in Environmental Sustainability*, 5 (2), 2013.

(21) 井熊均ほか『脱炭素で変わる世界経済 ゼロカーボノミクス』日経BP社、二〇二一年、六五、一六〇頁。

(22) 富山恵梨香「フランス、「電車で2時間半以内で行ける国内線空路」を全面禁止へ」、IDEAS FOR GOODウェブサイト https://ideasforgood.jp/2021/04/16/france-short-flight-ban/ (二〇二二年一〇月一七日閲覧)

(23) W・ノードハウス (藤﨑香里訳)『気候カジノ――経済学から見た地球温暖化問題の最適解』日経BP、二〇一五年、一〇〇頁。

(24) 森川潤『グリーンジャイアント――脱炭素ビジネスが世界経済を動かす』文藝春秋、二〇二一年、および井熊均ほか『脱炭素で変わる世界経済 ゼロカーボノミクス』日経BP、二〇二一年などがある。

(25) 小西雅子『地球温暖化は解決できるのか――パリ協定から未来へ!』岩波書店、二〇一六年。

(26) ただし排出権取引と炭素税は、完全に対立するわけではない。企業に排出枠の上限を割り当て、それを超える排出権の買い取りを求めれば制度としては炭素税に近くなり、他方、炭素税の支払いを回避するための排出権取引を認めたほうが総体としては効率的な制度になる。その意味で排出権取引と炭素税は相互に重なる部分を持つのである。

(27) EUはこうした国際炭素税の導入に前向きだが、他方、中国が反発するなどかならずしも国際的協調が順調に進んでいるわけでもない。堅達京子、NHK取材班『脱炭素革命への挑戦――世界の潮流と日本の課題』山と渓谷社、二〇二一年、五八～五九頁。

(28) たとえばEUは温室効果ガスの実質排出量を二〇三〇年までに五五パーセント削減することを目的として「炭素国境調整メカニズム（CBAM）」という関税付加の立法を計画している。ロイター二〇二一年七月一一日付記事「アングル：EU「国境炭素税」、貿易相手国の同意は得られるか」https://jp.reuters.com/article/climate-change-eu-trade-idJPKCN2ED0KN（二〇二一年一〇月一七日閲覧）

(29) W・ノードハウス（藤﨑香里訳）『気候カジノ――経済学から見た地球温暖化問題の最適解』日経BP、二〇一五年、二八六頁。

(30) G・モンビオ（柴田譲治訳）『地球を冷ませ！――私たちの世界が燃えつきる前に』日本教文社、二〇〇七年、二六頁。

第五章

(1) 公平について本書では、ジョン・ロールズが正義の中心に置いた「公正（fair）」概念を参照している。その正義の第一原理でロールズは、「各人は、他の人々にとっての平等な自由と両立しうる、最大限の基本的自由への平等な権利を持つべきである」（J・ロールズ（川本隆史、福間聡、神島裕子訳）『正義論 改訂版』紀伊國屋書店、二〇一〇年、八四頁）と主張する。消費社会においてこの自由の中心は消費におかれるが、そうした基本的な消費への権利が侵されるような事態がたしかに生まれているのである。

(2) 吉永純「「半福祉・半就労」と生活保障、生活保護」『社会政策』第一一巻一号、二〇一九年。

(3) 小沢修司『福祉社会と社会保障改革――ベーシック・インカム構想の新地平』高菅出版、二〇〇二年、一六九頁。

(4) 原田泰『ベーシック・インカム――国家は貧困問題を解決できるか』中央公論新社、二〇一五年、一一八頁。

(5) 総務省統計局「労働力調査（基本集計）２０２１年（令和３年）平均結果の概要」https://www.stat.go.jp/data/roudou/sokuhou/nen/ft/pdf/index.pdf（二〇二二年一〇月一七日閲覧）

(6) Z・バウマン（伊藤茂訳）『新しい貧困――労働、消費主義、ニュープア』青土社、二〇〇八年、一一二頁。また現代社会に満足に働くことができず、それゆえ完全雇用政策によっては救うことのできない者が多数いることについては、Claus Offe, "Basic Income and the Labor Contract," *Basic Income Studies*, vol. 3 (1), 2008.

(7) J・ロバートソン（石見尚、森田邦彦訳）『21世紀の経済システム展望――市民所得・地域貨幣・資源・金融システムの総合構想』日本経済評論社、一九九九年。

(8) G・スタンディング（池村千秋訳）『ベーシックインカムへの道――正義・自由・安全の社会インフラを実現させるには』プレジデント社、二〇一八年。

(9) こうした具体的な自由の根拠としてのベーシックインカムについては、P・V・パリース（後藤玲子、齊藤拓訳）『ベーシック・インカムの哲学――すべての人にリアルな自由を』勁草書房、二〇〇九年参照。

(10) 貨幣の発行を無前提に国家が拡大するＭＭＴをベーシックインカムの財源として期待する者もいるが、ここではそれに従わない。財政支出の拡大が将来のインフレに結びつかないとはなお実証されていないことに加え、恣意的な支出の拡大が国家の力の増大につながることを恐れるからである。

(11) たとえば、R・ブレグマン（野中香方子訳）『隷属なき道――ＡＩとの競争に勝つ ベーシックインカムと一日三時間労働』文藝春秋、二〇一七年、三一～四四頁参照。

（12）それは少子化対策にもかなり有効に働くと考えられる。

（13）大学教育をバウチャー化するアイデアについては、M・フリードマン（村井章子訳）『資本主義と自由』日経BP社、二〇〇八年。

（14）貞包英之『サブカルチャーを消費する――20世紀日本における漫画・アニメの歴史社会学』玉川大学出版局、二〇二一年。

（15）Ryan Deffenbaugh, Remote work is helping smaller cities catch up to New York's tech salaries, https://www.crainsnewyork.com/technology/remote-work-helping-smaller-cities-catch-new-yorks-tech-salaries?fbclid = IwAR2l00Q_daXDZzW0mBYzAQ1cFDyzolGEMw3sL03tuRngePD0QrgrdlgjMY（二〇二二年一〇月一七日閲覧）

（16）生活保護ではこうはならない。現在、生活保護は居住地によってその支払い水準が定められているためである。たとえば母と子ども一人世帯の場合、都市部では一九・一万円、町村部では一三・三万円になるという。原田泰『ベーシック・インカム――国家は貧困問題を解決できるか』中央公論新社、二〇一五年、一四一頁。

（17）ベーシックサービスやベーシックアセットにかんしては、井手英策『幸福の増税論――財政はだれのために』岩波書店、二〇一八年、宮本太郎『貧困・介護・育児の政治――ベーシックアセットの福祉国家へ』朝日新聞社、二〇二一年参照。私たちはここでいわれるような育児や教育・介護の充実、貧困の縮小という理念に反対しているわけではない（現在、誰がそれに反対できるだろうか？）。だが問題は、それをどうやって実現するかである。現状の延長線上で国家の提供するサービスをただ増大させるのなら、それへの従属を強化しその他の道を塞ぐことになってしまう。たとえば育児・教育であれば「学校化」、医療や介護であれば「病院化」を推し進めてしまうことになるだろう。近代社会において私たちを縛ってきたそうした権力を強化することを回避した上で、どうやってより望ましい社会を実現していくかこそ、いま考えなければならない課題なのである。

(18) I・カント(中山元訳)『永遠の平和のために/啓蒙とは何か 他三編』光文社、二〇〇六年、二五頁。

(19) T・フィッツパトリック(武川正吾、菊地英明訳)『自由と保障——ベーシック・インカム論争』勁草書房、二〇〇五年、一八九頁参照。

あとがき

今後、社会はいかなるものとなるべきか、そうした「理想」について考えることは、この時代にはなかなかむずかしいことなのだろう。大学の授業でも時折、どのような社会が理想か学生に尋ねてきた。しかしその場合、「人と環境に優しい社会」や「誰もが活躍できる社会」などどこかで聞いたような抽象的な答えがあがるだけで、ではそれが具体的には何を指し、またそれをどうやって実現するのかを尋ねると多くの学生が困惑する。それで共産主義国家や福祉国家、新自由主義的な国家など、二〇世紀以降に現れたさまざまな国家の可能性とそれと社会の関係を説明した上で再度尋ねると、今度は、終わりのない沈黙が教室を覆うばかりなのである。

もちろんこうした状況は、かならずしも悪いものとはいえない。答えが出にくいのはひとつには、現代が「豊かな」社会であることを理由としていると考えられる。大学に来るような学生であれば、それなりに満足な暮らしを送ってきた階層出身の者が多い。そうした者に消費社会の豊かさや気楽さはもはや空気のように浸透している。だから学生たちは、別にあらたな社会の理想について考えなくとも、今もこれからも、それなりに充実した暮らしを送っていけると信じていられるのである。

大なり小なり、それは私の場合も同じだった。学生のときには、個人的な将来に思い悩むほうが先で、未来の社会に期待することは少なかった。研究者となっても、理想についてて考えるよりも、現在の社会について構造的に分析することや、それを支える歴史の奥行きについて調べることに、あきらかに多くの時間を費やしてきたのである。

それもまた重要なことで、だからこそ多くの代償を払いながら続けてきたのだが、一方で現代の社会が決断を迫られる重要な局面に差し掛かっていることも否定できない。「格差」やさらには「気候変動」の問題に関して、現代社会では根本的で、できるだけ素早い再考が求められている。他方、そうした問題に対処する力としてえてして国家の無謬性《むびゅうせい》が無邪気に信じられ、その延長線上には、消費社会的自由を恐れ、武力によってそれを禁圧しようとする国さえ力を誇っているのである。

こうした状況のなかで声高なのは、消費社会を否定する、または少なくともそれにブレーキをかけることを望む人びとの声だろう。環境保護のために共産的な社会を実現したり、格差を是正するために脱商品化したサービスを提供する福祉国家を拡充したりすることが求められる。さらには近年では端的に国家を必要としないアナーキズムにも期待が寄せられている。

そうした理想は、現在をはっきりと否定するという意味で、たしかにわかりやすいものかもしれない。だが本書からみれば、そこで目指されている社会は問題なしのものとはいえない。それをいかにして実現するのかという具体的な道筋がみえてこないことに加え、そもそもそれが私には魅力的なものとは映らないからである。私が望むのは、個人の可能性の追求を許すとともに促し、端的に私が私としてあることが、たとえ「愚か」とみられても、許される社会である。

それを実現するシステムとして、現在のところ消費社会しか思いつくことはできない。だとすれば、①この消費社会が体現する価値を具体的にあきらかにするとともに、②それがもたらす問題をできるだけ解決する道を考えることが急務となる。

そのためにこの本は、消費社会が実現してきた私的な自由の具体的かつ歴史的なあり方をあきらかにするとともに、それが直面している危機について考察することを目指してきた。それを補う仕組みとして必要と思われたのが、ベーシックインカムという仕組みである。こうした検討はなお粗雑なスケッチにすぎず、これから多くの検討が必要だろう。とはいえ私たちにあまり時間が残されていないことも事実である。消費社会を補完するあらたな道をみつけるか、あるいはそもそも消費社会を諦めるかの決断が、おそらくここ二〇、三〇年のうちに迫られるはずなのである。

だからこそ性急であることは承知の上で、この本は書かれている。それは苦しい作業でもあったが、まだあきらかではない未来についてできるだけ常識的な枠を飛びだし考える機会になったという意味では楽しい作業でもあった。少しでもこうした取り組みに共感し、また考察のさらなる一歩を進めてくれる読者がいるとすれば、これほどの喜びはない。

本書の背後には、私がおこなってきた消費社会についての歴史的な分析（『消費は誘惑する 遊廓・白米・変化朝顔——一八、一九世紀日本の消費の歴史社会学』青土社、二〇一五年、『サブカルチャーを消費する——20世紀日本における漫画・アニメの歴史社会学』玉川大学出版部、二〇二一年）や現在の分析（『地方都市を考える——「消費社会」の先端から』花伝社、二〇一五年）がある。挙げられたデータの詳細に関してはそれらを参照してほしいが、それらの本を書く上で、多くの師や友人、そして多くの書物の助けを借りた。それらに最大限の感謝を捧げた上で、ここでは本書を書く上でとくに意識していたいくつかの文献を挙げておきたい。

そのひとつは見田宗介『現代社会の理論——情報化・消費化社会の現在と未来』（岩波書店、一九九六年）で、現代社会のあるべき姿を正面からシンプルに、そして根底的に考えたという意味で、それはいまなお類書がないものといえる。そこで示されるのは現代の消費社会を早急に否定するのではなく、その可能性をできるだけ真摯《しんし》に考慮しようとする姿勢である。そうした態度に本書は大きな影響を受けているが、一方でその本が書かれた時代以上にいまでは環境や格差がさらに大きく、緊急の課題になっている。ではそれらにどう対処するのかという課題に、本書は応えようとしたものという性格を持っている。

加えて個々の分析内容に関しては、ダニエル・ミラー（貞包英之訳）『消費は何を変えるのか――環境主義と政治主義を越えて』（法政大学出版局、二〇二二年）が大変参考になった。気候変動に対処するために、生産の規制を強め、またそれが受け入れられるように社会民主主義的に貧困や不公平を解消しなければならないというそこでの議論を本書はすべて受け入れているわけではないが、消費がもたらすさまざまな問題について考えなければならないというその本の問題意識に大きな刺激を受けた。その意味で本書はその書を訳していくなかで、それに対するひとつの応答として生まれた部分を持っている。

最後に坂口安吾の「堕落論」や「続堕落論」などのエッセイも挙げておきたい。人びとを縛っていた国家の嘘と迷妄があきらかになった戦争直後に、それらは、何を指針として生きるかをめぐって書かれている。この本を準備してきたコロナ禍の三年のあいだ、国家、そして社会が場当たりな対応をくりかえすにつれ、私は坂口安吾の「嘘をつけ！　嘘をつ

け！　嘘をつけ！」という言葉を思い出すことになった。ただし安吾は、敗戦に対して表面的に反省してみせただけの国家や社会を批判していたばかりではない。戦争に向かった国家を迎え入れたにもかかわらず、戦後、国家によって騙されたと責任を転嫁した私たちに向かってもその言葉は吐かれていたのである。

その代わりに安吾は、国家に頼らず、私たちが私たちであるしかない、場合によっては愚かな人生を生き、堕ちていくことを人びとに説いたが、二〇世紀のそうした課題はなお二一世紀にも持ち越されている。国家や社会にいかなる幻想をみることもなく、自分たちが自分たちである道をいかにみつけていくかが、今の私たちにも問われているのであり、そのことはたとえば執筆と並行してくりひろげられたロシアのウクライナへの侵攻の痛ましさについて考える上でも日々痛感されたことである。

こうした問いに導かれつつ、消費社会について考えていくことは厳しくあると同時に、楽しい試みでもあった。消費社会の可能性と限界を問うことは同時に、私たちそのものの限界と可能性を問うことを意味し、つまり私たちが何ができるかを知るという、カント的にいえば批判的な「自由」の冒険だったからである。だからこそ、それは社会学的にも重要な営みでもあると私は信じる。たとえばピエール・ブルデューがそうみていたように、私たちの限界を知り、つまり自由の領域を確定しようとするカント的な試みを日々の営みの領域にまで拡張することで生まれたという面を社会学は持っているためである。

この本はそうした社会学的問いを消費社会に適用し、その固有の可能性と限界、そして自由を問おうとしたものである。私たちの生きる現実をあくまで具体的な前提として考えるという意味ではかならずしも威勢のよいわけではないこの「地味」な試みをサポートしていただいた筑摩書房、実際の編集作業をしていただいた加藤峻氏、柴山浩紀氏には大きな感謝を捧げたい。大学院以来の研究者人生も四半世紀を過ぎたが、そのあいだに多くのものを学ばせていただいたちくま新書の一冊に本書を加えていただいたことは大きな喜びである。願わくは、本書もまた読者の誰かがあらたな自分の思考を展開していく際のひとつの踏み板となることができれば幸いである。

二〇二二年一一月

貞包英之

ちくま新書
1706

消費社会《しょうひしゃかい》を問《と》いなおす

二〇二三年一月一〇日　第一刷発行

著　者　貞包英之（さだかね・ひでゆき）

発行者　喜入冬子
発行所　株式会社　筑摩書房
東京都台東区蔵前二-五-三　郵便番号一一一-八七五五
電話番号〇三-五六八七-二六〇一（代表）
装幀者　間村俊一
印刷・製本　三松堂印刷　株式会社

ISBN978-4-480-07533-8 C0236

ちくま新書

047
スポーツを考える
――身体・資本・ナショナリズム
多木浩二
近代スポーツはなぜ誕生したのか？　スペクタクルの秘密は何か？　どうして高度資本主義のモデルになったのか？　スポーツと現代社会の謎を解く異色の思想書。

1338
都心集中の真実
――東京23区町丁別人口から見える問題
三浦展
大久保1丁目では20歳の87％が外国人。東雲1丁目だけで子どもが２４００人増加。中央区の女性未婚者増は男性の倍。どこで誰が増えたのか、町丁別に徹底分析！

1429
露出する女子、覗き見る女子
――ＳＮＳとアプリに現れる新階層
三浦展
天笠邦一
今、格差はスマホの中にあった！　20―30代女性５４４２人を徹底調査。所得・仕事・結婚による階層間の断絶を、ＳＮＳやアプリの利用実態から読み解く。

1304
ひとり空間の都市論
南後由和
同調圧力が高い日本の、おひとりさま。だが都市生活では、ひとりこそが正常だったはずだ。つながりやコミュニティへ世論が傾く今、ひとり空間の可能性を問い直す。

1277
消費大陸アジア
――巨大市場を読みとく
川端基夫
中国、台湾、タイ、インドネシア……いま盛り上がるアジア各国の市場や消費者の特徴・ポイントを豊富な実例で解説する。成功する商品・企業は何が違うのか？

1371
アンダークラス
――新たな下層階級の出現
橋本健二
就業人口の15％が平均年収１８６万円。この階級の人々はどのように生きているのか？　若年・中年、女性、高齢者とケースにあわせ、その実態を明らかにする。

1091
もじれる社会
――戦後日本型循環モデルを超えて
本田由紀
もじれる＝もつれ＋こじれ。行き詰まり、悶々とした状況にある日本社会の見取図を描き直し、教育・仕事・家族の各領域が抱える問題を分析、解決策を考える。